Ursula Fuchs

Das große Buch vom kleinen grünen Drachen

Mit Bildern von
Christine Brand

www.beltz.de
Beltz & Gelberg Taschenbuch 551
© 2003 Beltz & Gelberg
in der Verlagsgruppe Beltz · Weinheim Basel
Alle Rechte vorbehalten
Die Originalausgabe erschien in drei Einzelbänden u.d.T.
Der kleine grüne Drache, Der kleine grüne Drache in der Schule
und *Der kleine grüne Drache am Meer*
1985, 1986 und 1988 bei Anrich
Neue Rechtschreibung
Einbandgestaltung: Max Bartholl
Einbandbild: Christine Brand
Gesamtherstellung: Druckhaus Beltz, Hemsbach
Printed in Germany
ISBN 3 407 78551 8
2 3 4 5 6   08 07 06 05 04

Beltz & Gelberg Taschenbuch 551

Ursula Fuchs, geboren 1933 in Münster, hat siebzehn Jahre in Kassel gelebt und wohnt heute mit ihrer Familie in Darmstadt. Sie verfasst neben Kinderbüchern auch Kurzgeschichten, Fernseh- und Rundfunksendungen.

Christine Brand, geboren 1954, lebt als freischaffende Illustratorin in der Nähe von Leipzig. Im Programm Beltz & Gelberg veröffentlichte sie u.a. das Bilderbuch *Rätselhaftes Tier-ABC* sowie zahlreiche Illustrationen.

Inhalt

Der kleine grüne Drache am Meer

Der kleine grüne Drache

Der kleine grüne Drache

Der kleine grüne Drache saß auf dem Ziegeldach von Großmutters Haus.

Morris entdeckte ihn am Morgen.

»He, wer bist du?«, rief er.

»Is sein ein kleiner Drase«, rief der kleine grüne Drache. Er sagte Drase, weil er kein ch sprechen konnte.

»Was machst du da oben?«, fragte Morris.

»Is sitzt hier«, sagte der Drache.

»Komm runter!«, sagte Morris.

»Is hat Angst«, sagte der Drache. Er hielt sich mit seinen Pfoten am Schornstein fest.

»Ich tu dir nichts«, sagte Morris.

Der Drache rutschte auf seinem grünen Bauch bis zur Dachrinne. Und er sprang in den Garten zu Morris auf die Wiese.

»Wo kommst du her?«, fragte Morris.

»Is kommen vom grünen Berg der Drasen«, sagte der kleine grüne Drache.

Aus seinen Augen fielen Tränen auf die Wiese.

»Du weinst ja«, sagte Morris.

»Mis haben sie weggesickt von dem grünen Berg der Drasen.« Der kleine Drache schluchzte.

»Warum haben sie dich weggeschickt?«, fragte Morris.

»Is kann nist Feuer spucken. Alle Drasen können Feuer spucken. Nur is nist.« Jetzt heulte der kleine Drache noch mehr.

Morris wischte ihm mit der Hand die Tränen weg.

»Kann is bei dir bleiben?«, fragte der kleine grüne Drache.

»Nur, wenn du nützlich bist«, sagte Morris.

»Was ist das, nützlis?«, fragte der Drache.

»Ich weiß das auch nicht richtig«, sagte Morris. »Auf jeden Fall kann Großmutter nur nützliche Tiere leiden.«

Morris ging mit dem kleinen Drachen in den Stall. Der Stall stand neben dem Haus. Im Stall saß das Huhn Henriette auf ihrem Nest.

»Henriette kann Eier legen«, sagte Morris. »Eier schmecken gut. Darum ist Henriette nützlich.«

»Is kann aber keine Eier legen«, sagte der kleine Drache.

»Kannst du Milch geben wie unsere Ziege Genoveva?«, fragte Morris.

Der kleine grüne Drache schüttelte den Kopf. Er konnte auch keine Milch geben.

»Das ist gut«, sagte Morris. Er konnte Ziegenmilch nicht ausstehen.

»Is kann Qualm masen«, sagte der Drache.

Er riss sein Maul auf, ganz weit. Morris konnte die grünen Zähne sehen. Der Drache hustete, einmal, zweimal, dreimal. Da kam dicker, grüner Qualm aus seinem Maul, ganz viel Qualm.

Jetzt hustete Morris. »Hör auf!«, schrie er.

Der Drache hörte auf. »Ist Qualmen nützlis?«, fragte er.

»Ich weiß nicht«, sagte Morris. »Komm, wir fragen die Großmutter.«

Der hungrige Drache

Großmutter stand in der Küche am Herd. Sie rollte Pflaumenknödel. Es roch nach Vanille und Zimt.

»Hier riest es aber sehr gut«, sagte der Drache.

»Morris, du sprichst ja so komisch«, sagte Großmutter. Sie drehte sich um, sah den Drachen und ließ vor Schreck den Pflaumen-knödel fallen.

»Wer ist denn das?«, schrie sie.

»Ein kleiner grüner Drache«, sagte Morris.

»Ein hungriger Drase«, sagte der kleine Drache. Und fraß den Pflaumenknödel auf.

»Wo kommt er her?«, fragte Großmutter. Sie musste sich auf den Küchenstuhl setzen, weil ihr die Beine zitterten.

»Er war auf dem Dach«, sagte Morris.

»Bring ihn weg«, sagte Großmutter.

»Er will bei uns bleiben.«

»Morris«, sagte Großmutter, »ich dulde nur nützliche Tiere im Haus. Und so ein Drache ist unnütz.«

»Woher weißt du das?«

»Was kann der Drache denn?«, wollte Großmutter wissen.

»Sön grün qualmen kann is.« Und der
Drache, der kleine grüne, machte Qualm. Die
ganze Küche machte er voll mit Qualm.

»Aufhören! Aufhören!« Großmutter riss
das Küchenfenster auf. Und sagte, dass sie
Qualmen sehr unnütz fände.

»Is kann aus ganz sön klappern und Kras
masen«, sagte der kleine grüne Drache.

Und er klapperte mit den Augendeckeln,
dass die Becher auf dem Küchenbord mit-
klapperten.

Das Klappern fand Großmutter auch sehr
unnütz.

»Is kann aus ein Karussell sein.« Der kleine
Drache stellte sich auf den Kopf, drehte seinen
Schwanz, rundherum, schnell, schneller, ganz
schnell.

»Ich will Karussell fahren!«, schrie Morris.

Da hielt der kleine Drache seinen Schwanz
an. Morris setzte sich darauf und fuhr
Karussell.

Morris lachte, denn das gefiel ihm sehr.

Großmutter lachte auch. Ihr gefiel das Karussellfahren auch.

»Morris«, sagte Großmutter. »Er ist zwar kein nützlicher Drache, aber er kann trotzdem bei uns bleiben.«

Und sie stellte für den kleinen grünen Drachen einen Teller mit auf den Küchentisch.

Bratäpfel

»Hühner legen Eier. Und Eier verkaufe ich auf dem Markt. Darum sind Hühner nützlich«, sagte Großmutter. Sie ging mit ihrem Korb voll Eier auf den Markt. Vorher gab sie Morris noch einen Kuss auf die Backe.

»Den kleinen grünen Drasen küsst sie nie«, beschwerte sich der kleine Drache. »Weil is ja nist nützlis bin.« Er rollte sich unter dem Küchentisch wie ein Igel zusammen.

»Heul nicht!«, sagte Morris. »Komm her, wir zeigen Großmutter, wie nützlich wir sind.«

»Wie denn?«, fragte der kleine Drache und heulte weiter.

Morris drückte seine Nase an die Fensterscheibe in der Küche. »Sieh mal, die Äpfel am Apfelbaum vor dem Fenster sind schon ganz rot.«

»Na und?« Der Drache drückte seine Nase auch gegen die Scheibe.

»Die Äpfel müssen ab«, sagte Morris. »Und das machen wir.«

»Ist das nützlis?«, wollte der Drache wissen.

»Und wie nützlich«, sagte Morris. Er kletterte in den Apfelbaum und pflückte die Äpfel ab. Der kleine grüne Drache fing die Äpfel auf und legte sie in den Korb.

Der Korb wurde immer voller. Der Apfelbaum immer leerer.

»Fang mich!«, rief Morris, als er alle Äpfel abgepflückt hatte. Er sprang vom Apfelbaum herunter, dem kleinen Drachen in die Arme.

Der Drache und Morris fielen auf die Wiese.

Sie lachten und konnten gar nicht mehr aufhören.

»Is bin nützlis! Is bin nützlis!«, schrie der Drache. Er musste husten vor Lachen. Und immer, wenn er hustete, dann qualmte er.

Dicke grüne Rauchwolken kamen aus seinem Maul.

»Hör auf!«, schrie Morris. »Die Äpfel!«

Der Drache hörte auf. Zu spät! Nun qualmte der Drache nicht mehr. Aber die Äpfel in dem Korb qualmten.

Aus den roten Äpfeln waren lauter braune Bratäpfel geworden.

Die dufteten.

Der Duft zog aus dem Garten auf die Straße.

Großmutter direkt in die Nase. Sie kam mit
ihrem leeren Korb vom Markt.

»Bratäpfel«, sagte Großmutter. »Bratäpfel
müsste ich auch mal wieder machen.«

Dann stand sie wie ein Denkmal am Zaun
und sah den Korb mit den Bratäpfeln.

»Bratäpfel für den Winter!«, rief Morris und
lachte.

»Für den Winter«, rief der kleine grüne
Drache.

»Aber Bratäpfel können wir doch nicht
aufheben, die faulen doch bis zum Winter!«,
schrie Großmutter. »Wie unnütz! Unnütz!
Unnütz!«

Und dann machte Großmutter etwas sehr Nützliches. Sie lud alle Kinder von der Kellerstraße zum Bratapfelessen ein.

»Siehst du nun, wie nützlis wir sind!«, sagte der kleine grüne Drache zu Morris.

Frische Brötchen

Es war Morgen. Großmutter, Morris und der kleine grüne Drache wollten frühstücken.

»Hast du keine Brötchen?«, fragte Morris die Großmutter.

»Keine Brötsen?«, fragte der Drache.

Er mochte Brötchen sehr gern.

»Geht zum Bäcker Kalbmeier und holt vier Stück«, sagte Großmutter. Sie gab Morris einen Euro.

Beim Bäcker Kalbmeier stand an der Ladentür, dass Hunde nicht hineindurften.

»Du bist zwar kein Hund, aber warte lieber draußen«, sagte Morris.

Der Drache setzte sich auf die Treppe. Er pfiff Drachenlieder und wartete.

Morris wartete auch, dass er endlich an der Reihe war.

Es roch gut nach Brötchen und Brot. Und nach frischem Zwetschgenkuchen roch es auch.

»Der steigt einem ja in die Nase«, sagte eine Frau. Eine runde Frau, sie kaufte sieben Stück Zwetschgenkuchen.

Es duftete auch nach Speckkuchen. Und ein Mann sagte, dass der Speckkuchen richtig schön speckig aussehen würde.

Morris reckte den Hals und stellte sich auf die Zehenspitzen.

Er konnte den Speckkuchen trotzdem nicht sehen.

»Gleich, wenn ich drankomme, dann guck ich mir den speckigen Speckkuchen an«, dachte Morris.

Nur, er kam überhaupt nicht dran. Die großen Leute drängelten sich immer vor.

»Wer ist denn jetzt an der Reihe?«, fragte die Frau Bäcker Kalbmeier.

»Ich!«, rief Morris und hielt sein Geldstück hoch.

»Vordrängeln gibt es nicht«, sagte eine Frau.

Und sie sagte noch, dass die kleinen frechen Blagen immer durch die Beine der Erwachsenen kriechen würden, nur um so schnell wie möglich dranzukommen.

Morris krabbelte der Frau durch die Beine. Und er rief ganz laut, er wolle jetzt endlich drankommen.

Die Frau Kalbmeier beachtete ihn überhaupt nicht.

Da bekam Morris Wut. Auf die großen Leute bekam er Wut. Und er bekam Bauchschmerzen, weil er so klein war. Und er fing an zu heulen.

Morris lief zu dem Drachen. »Sie nehmen mich nicht dran.« Er schluchzte. »Weil ich so klein bin.«

»Aber is bin groß«, sagte der Drache. Er stellte sich auf seine Hinterbeine und ging in den Laden.

»Vier Brötsen, aber dalli!«, brüllte er. Und er klapperte wild mit seinen Augendeckeln und fauchte.

»Hilfe! Hilfe!«, rief die Frau Bäcker Kalbmeier. Sie hielt sich an ihrem Speckkuchen fest, um nicht umzufallen.

»Hilfe!« Die Leute liefen aus dem Laden.

Die Frau Kalbmeier stand da. Sie war gipsweiß und hielt sich die Augen zu.

»Vier Brötsen, aber dalli!«, brüllte der Drache wieder.

Die Frau Kalbmeier machte die Augen auf und packte dem Drachen vier Brötchen ein. Dann schenkte sie ihm noch zwei Salzbrezeln, eine für den kleinen Drachen und eine für Morris.

»Heute war is aber sehr nützlis«, sagte der kleine grüne Drache zu Morris.

»Sehr nützlich«, sagte Morris und biss in seine Brezel.

»Ob Großmutter das aus findet?«, wollte der Drache wissen.

Morris wusste es nicht. Denn Großmutter fand manche Dinge sehr unnütz, die für Morris sehr nützlich waren.

Bauchschmerzen

Morris und der kleine Drache spielten auf der Wiese vor dem Haus mit dem gelben Ball. Manchmal flog der Ball über die Hecke auf die Kellerstraße. Dann lief Morris durch das Gartentor auf die Straße und holte den Ball wieder.

Das Gartentor war schon sehr alt. Es quietschte. Großmutter konnte Quietschen nicht ausstehen. Es tat ihr in den Ohren weh.

»Müsst ihr denn dauernd durch das Tor laufen?«, rief Großmutter aus der Küche.

Morris versprach, nicht mehr durch das Tor zu laufen. Aber der Ball flog wieder über die Hecke.

»Was masen wir denn jetzt?«, fragte der kleine Drache.

»Wir kriechen einfach durch die Hecke«, sagte Morris.

Aber die Hecke war zu dicht und Morris kam nicht durch.

»Dann müssen wir eben das Gartentor ölen, dann quietscht es nicht mehr«, sagte Morris.

Er suchte im Keller nach dem Ölkännchen.
Morris suchte sehr lange, aber er fand das
Ölkännchen nicht.

Der kleine grüne Drache saß an der Hecke.
Er langweilte sich und kaute an seinen Nägeln.
Er dachte, wenn ich doch nur einmal ein
nützlicher Drache wäre.

Und als er das dachte, da fiel ihm ein, wie er
nützlich sein konnte.

Der Drache legte sich auf seinen Bauch und
fing an, an den Blättern und Ästen der Hecke
herumzuknabbern. Zuerst knabberte er nur ein
bisschen, dann immer mehr. Und er hörte erst
mit dem Knabbern auf, als ein Loch in der
Hecke war.

»Bist du aber nützlich«, sagte Morris. Er
kroch durch das Loch auf die Straße und holte
den Ball wieder. Und er freute sich sehr.

Der kleine grüne Drache freute sich nicht. Er
saß da und hielt seinen Bauch. Er hatte Bauchschmerzen von den vielen, vielen Blättern.

»Au! Au! Au!«, schrie er. Er schrie so laut,
dass Großmutter es hörte.

Sie guckte aus dem Küchenfenster und sah
das Loch in der Hecke.

»Wer hat das gemacht?«, schrie Großmutter.

»Is! Au! Au! Au!«, schluchzte der kleine Drache.

»Du unnützes Viech!«, regte Großmutter sich auf. Und wie sie sich aufregte.

»Au! Au!«, heulte der kleine Drache weiter.

Da nahm Großmutter seine beiden Hinterbeine und Morris die Vorderbeine. Sie schleppten den Drachen auf das Sofa im Wohnzimmer. Großmutter legte ihm eine heiße Wärmflasche auf den Bauch.

»Au! Au! Au!«, schrie der Drache, weil die Wärmflasche so heiß war.

Kohlenrutsche

Der kleine grüne Drache und Morris saßen neben der Mülltonne vor dem Haus. Großmutter bekam Eierkohlen.

Zwei Männer schleppten die schwarzen Kohlensäcke vom Kohlenwagen an das offene Kellerfenster. Sie öffneten die Säcke. Die Kohlen rutschten über die graue Betonrutsche in den Keller.

»Prima Kohlenrutsche«, sagte Morris.

Und der kleine grüne Drache sagte, dass die Kohlenrutsche fast so schön sei wie die Rutsche auf dem Spielplatz.

Zwölf Säcke schütteten die Männer in den Keller. Dann fuhren sie mit ihrem Lastwagen ab und vergaßen, das Kellerfenster zuzumachen.

Der kleine grüne Drache sprang von der Mülltonne und schob seinen Kopf in die Fensteröffnung.

»Is will aus mal rutsen«, sagte er.

»Aber das ist doch nur eine Rutsche für Kohlen«, sagte Morris.

»Das mast nists, dann bin is aus eine Kohle, eine dicke, grüne Kohle«, sagte der Drache. Er rutschte auf seinem Bauch in den Keller und rief dabei »jushu!«.

Morris rief auch »juchhu!«.

Er rutschte auch auf dem Bauch in den Keller und landete neben dem kleinen Drachen auf dem Kohlenberg. Die Eierkohlen kullerten an die Seite.

Der kleine grüne Drache lachte.

Morris lachte auch.

Und er lief hinter dem Drachen die Keller-treppe hoch.

Sie rutschten wieder in den Keller.

Einmal rutschten sie auf dem Po.

Einmal auf dem Rücken.

»Und jetzt spielen wir Eisenbahn«, sagte Morris zu dem Drachen. Du bist eine Lokomotive und ich bin der Kohlen-wagen.«

Der Kohlenwagen setzte sich hinter die Lokomotive.

Und da sah Morris, dass der Drache am Rücken ganz schwarz war.

»Du bist ja ganz schwarz!«, rief er.

»Is?«, fragte der Drache. »Is bin swarz?«

»Ja, dein Rücken ist eierkohlrabenschwarz«, sagte Morris.

»Du bist aus eierkohlrabenswarz«, sagte der Drache zu Morris.

»Ich?«, fragte Morris.

Seine Jeans, sein blauer Pullover, seine Hände, seine Nase und seine Backen, alles war kohlrabenschwarz.

»Was sollen wir denn jetzt machen?«, fragte Morris.

»Weiterrutsen«, sagte der Drache. »Jetzt sind wir ja son swarz.«

Morris und der Drache rutschten weiter.

Einmal, zweimal, dreimal. Es machte aber nicht mehr so viel Spaß, weil sie so schwarz waren.

»Wenn das Großmutter sieht«, sagte Morris und legte sich der Länge nach auf die Eierkohlen.

»Dann sagt sie bestimmt wieder, dass is ein ganz unnützer Drase bin«, seufzte der kleine grüne Drache.

»Ihr seid alle beide unnütz, ganz unnütz«, sagte Großmutter.

Sie steckte Morris und den kleinen Drachen
in die Badewanne, mit viel Schaum.

Von dem Schaum musste der Drache niesen.
Und da war das ganze Badezimmer schaumig.

Zickzack-Haarschnitt

Großmutter war am Nachmittag bei Frau Gerlewein eingeladen.

Morris und der kleine grüne Drache gingen in das Friseurgeschäft Guteborg. Großmutter wollte, dass Morris sich die Haare schneiden ließ.

Beim Friseur Guteborg waren viele Menschen, die sich auch die Haare schneiden lassen wollten. Sie saßen auf den Stühlen und warteten.

Morris und der kleine Drache setzten sich auf einen freien Stuhl und warteten auch.

Das war sehr langweilig.

Morris bohrte ein bisschen in der Nase. Der Drache auch.

»Man bohrt doch nicht in der Nase«, sagte der Friseur Guteborg.

Morris kitzelte den kleinen Drachen am Bauch. Der Drache lachte. Er kitzelte Morris am Bauch. Da lachte Morris.

»Man kitzelt nicht beim Friseur«, sagte der Friseurgehilfe.

Morris scharrte mit den Füßen auf dem glatten Fußboden.

Der Drache scharrte auch.

»Man scharrt nicht mit den Füßen«, sagte der Friseurlehrling.

»Man, man, man«, sagte Morris. Er stand auf und hatte keine Lust mehr, sich von dem Friseur Guteborg die Haare schneiden zu lassen.

»Is kann sie dir dos zu Hause sneiden«, bot der kleine Drache sich an.

»Kannst du das denn?«, fragte Morris.

»Na klar kann is das, is hab genau zugeguckt, wie sie es masen«, sagte der kleine grüne Drache.

Da liefen Morris und der Drache ganz schnell nach Hause.

Morris setzte sich auf den Klavierhocker vor dem Klavier. Er hob den Deckel vom Klavier und spielte das Lied von dem Hahn, der sich einbildet, mit seinem Krähen am Morgen die Sonne zu wecken.

Der Drache holte die kleine silberne Schere aus Großmutters Nähschublade.

Morris spielte Klavier. Und der kleine Drache

sang das Lied vom Hahn und schnitt – zick, zack, zick, zack – die Haare ab.

»Is kann Zickzack-Frisuren sehr gut leiden«, sagte der Drache. Er holte den Spiegel. Die Haare von Morris sahen – zick, zack – wie der Gartenzaun vor dem Haus aus.

Morris gefiel die Zickzack-Frisur mächtig gut. »Großmutter findet dich bestimmt sehr nützlich«, sagte er. »Du bist wirklich der nützlichste Drache von der ganzen Welt.«

»Von der ganzen Welt.« Der kleine grüne Drache freute sich. Und er rannte zu der Ziege Genoveva in den Stall. Er erzählte ihr, dass er der nützlichste Drache von der ganzen Welt sei.

»Ich will auch so eine schöne Zickzack-Frisur«, meckerte die Ziege.

»Nists leister als das«, sagte der Drache und schnitt Genoveva einen Zickzack-Bart. »Willst du aus?«, fragte der Drache das Huhn Henriette.

Henriette wollte nicht. Sie lief weg.

»Das mast nists«, sagte der Drache. Er entdeckte im Wohnzimmer den Fransen-teppich. Und er machte sich über Großmutters Teppich her – zick, zack, zick, zack.

»Großmutter wird staunen«, sagte Morris. Er setzte sich mit dem kleinen Drachen auf das Sofa und wartete auf Großmutter.

Ob Großmutter den kleinen grünen Drachen wohl nützlich fand?

Autofahrt

Am Sonntagmorgen dachten der kleine grüne Drache, Morris und Großmutter darüber nach, was sie am Sonntag machen wollten.

»Ich will in den Zoo«, sagte Morris.

»In den Zoo, da will is aus hin«, sagte der kleine Drache. »Gibt es da aus Drasen?«

»Ich weiß nicht«, sagte Großmutter. »Wir können ja mal gucken.«

Sie holte das Auto aus der Garage. In den Zoo mussten sie mit dem Auto fahren, denn der Zoo war in einer anderen Stadt.

Der kleine Drache und Morris stiegen hinten ein.

Großmutter setzte sich vorn hinters Steuer. Zuerst fuhr Großmutter durch die Stadt, dann über die Landstraße, dann auf die Schnellstraße.

Auf der Schnellstraße fuhren die Autos sehr schnell. Großmutter konnte Schnellfahren nicht leiden.

Sie fuhr mit vierzig Stundenkilometern durch die Gegend.

Die anderen Menschen, die mit ihren Autos gern schnell fahren wollten, störte die langsame Großmutter. Sie saßen hinter Großmutters Auto fest und hupten.

»Warum hupen die denn?«, fragte Großmutter.

»Sie wollen, dass du schneller fährst. Und ich will das auch«, sagte Morris.

»Ich will aber nicht schneller fahren«, sagte Großmutter.

»Is glaube, die Autos hupen, weil sie den kleinen sönen Drasen hinten im Auto sehen«, sagte der kleine grüne Drache. Er winkte den Leuten zu. »Die haben bestimmt nos nie so einen sönen Drasen wie mis gesehen.«

Und weil der kleine Drache nicht nur hübsch und grün war, sondern auch zeigen wollte, was er konnte, streckte er den Kopf aus dem Hinterfenster. Er riss sein Maul auf und hustete.

Und da kam dicker grüner Qualm raus.

Die Autos hupten jetzt noch mehr.

»Siehst du«, sagte der Drache, »die freun sis, weil is so sön qualme.« Und er strengte sich an, noch mehr zu qualmen.

»Hör sofort damit auf«, sagte Großmutter.

Der kleine Drache wollte aufhören. Aber er konnte nicht. Sein Maul hatte sich nämlich verklemmt. Er bekam es einfach nicht mehr zu und musste weiterqualmen.

»Du bist wirklich das unnützeste Viech, das mir je begegnet ist«, sagte Großmutter. Sie hielt am Straßenrand an.

Die hupenden Autos hielten auch. Die Menschen in den Autos schrien.

Großmutter und Morris versuchten, dem Drachen das Maul zuzuklappen.

Es ging nicht! Immer mehr Qualm kam aus dem Maul. Das ganze Auto war von einer grünen Qualmwolke umgeben.

Da kam mit Tatütata ein Feuerwehrauto angebraust.

Es hielt direkt neben Großmutters Auto.

»Wo brennt's denn?«, fragte Großmutter.

»Bei Ihnen!«, schrie der Feuerwehrmann. Und er spritzte weißen Schaum in das Auto und dem kleinen grünen Drachen in sein offenes Maul.

Der Schaum schmeckte widerlich. Vor Schreck klappte der Drache sein Maul zu. Und endlich hörte er mit dem Qualmen auf.

Nachtwächter

Es war Abend. Großmutter, Morris und der
kleine grüne Drache saßen in der Küche am
runden Tisch. Großmutter las das Märchen
»Ali Baba und die vierzig Räuber« vor.

»Gibt es heute aus nos Räuber?«, fragte der
Drache.

»O ja«, sagte Großmutter. Und sie sagte
auch, dass sie Angst vor einem Räuber hätte.

»Wenn einer kommt, dann fang ich ihn«,
versprach Morris und gab Großmutter einen
Kuss auf die Backe.

»Und is fang ihn aus«, sagte der Drache.

»Früher, da haben die Nachtwächter auf-
gepasst, dass keine Räuber kamen«, erzählte
Großmutter.

»Ist ein Nastwäster nützlis?«, fragte der
kleine Drache.

»Und wie nützlich«, sagte Großmutter.

Da sprang der kleine grüne Drache vom
Stuhl und verkündete, er wolle ein »Nastwäster« sein.

»Du?« Großmutter lachte. »Du machst jetzt,

dass du ins Bett kommst, und Morris, Du
auch.«

»Is will nist ins Bett, is will ein Nastwäster
sein«, sagte der Drache.

Großmutter wollte davon nichts wissen.

Aber der kleine grüne Drache schon.

Da holte Großmutter für ihn ein großes
weißes Betttuch aus dem Schrank. Morris holte
den alten Feuerwehrhelm von Großvater vom
Boden. Den stülpte sich der Drache auf den
Kopf.

Großmutter drückte ihm noch die alte See-
mannsglocke in die Pfote und einen Besenstiel.

»Jetzt bin is ein sehr nützliser Drasennast-
wäster«, sagte der Drache und lief auf die
Straße.

Die Sterne leuchteten hell und der Mond
auch.

Jede volle Stunde bimmelte der kleine grüne
Drache mit der Glocke und sang: »Hört ihr
Leut' und lasst euch sagen ...«

Jedes Mal, wenn der Drache eine neue
Stunde ankündigte, wurde Großmutter wach.
»Es ist doch ein nützlicher Drache«, sagte sie,
drehte sich auf die Seite und schlief weiter.

Um vier Uhr wurde Großmutter von einem lauten Geschrei wach.

Morris auch.

»Hilfe! Hilfe!«, schrie da jemand.

Der Jemand war der Zeitungsträger Sutterli, der seine Zeitungen in die Briefkästen steckte.

Der kleine Drache hatte ihn für einen Räuber gehalten.

»Lass ihn sofort los!«, schrie Großmutter.

Der kleine grüne Drache ließ den Zeitungsträger los.

Der lief weg, ganz schnell. Aber vorher verkündete er noch, dass er Großmutter nie, nie wieder eine Zeitung bringen würde.

Da wurde Großmutter sehr wütend. Denn sie freute sich jeden Morgen auf den Roman in der Zeitung.

»Du unnützer Drache!«, schrie sie. »Mit dir kann ich wirklich nichts anfangen. Morgen schick ich dich weg. Mir reicht es!«

»Aber du kannst ihn doch nicht einfach wegschicken!«, schrie Morris.

»Und warum nicht?«, fragte Großmutter aufgebracht. Und da sah sie, dass sie ja nur ihr geblümtes Nachthemd anhatte, und lief ganz schnell ins Haus.

Verkaufen?

Die Sonne schien. Die Schwalben übten Fliegen in dem hellen Himmel. Und ein Zitronenfalter besuchte die Ringelblumen im Garten.

Der kleine grüne Drache und Morris hatten sich in den Blättern des Kastanienbaums versteckt.

Damit Großmutter sie nicht finden konnte. Sie wollte den kleinen grünen Drachen ja wegschicken. Nur weil er ein bisschen unnütz war.

Da hielt auf einmal ein Auto vor dem Haus der Großmutter. Ein Mann stieg aus und klingelte am Gartentor.

»Morris, mach doch mal auf!«, rief Großmutter.

Morris machte nicht auf. Er blieb ganz still im Baum sitzen.

Da machte Großmutter dem Mann das Gartentor selbst auf. Und sie fragte, was er denn wolle.

»Ich muss Sie unbedingt sprechen, es ist sehr wichtig«, sagte der Mann.

Großmutter setzte sich mit dem Mann unter den Kastanienbaum auf die Bank.

»Also«, sagte der Mann, »ich hab gehört, dass bei Ihnen ein kleiner grüner Drache wohnt. Stimmt das?«

»Ja, das stimmt«, sagte Großmutter.

»Ja, das stimmt«, sagte Morris oben im Baum.

»Ja, das stimmt bestimmt«, sagte der kleine grüne Drache.

»Ihr Drache ist mir sehr empfohlen worden«, sagte der Mann. »Und weil Drachen ja sehr selten sind, hab ich gedacht, ich kann Ihnen den Drachen vielleicht abkaufen.«

»Abkaufen?«, fragte Großmutter.

»Abkaufen?« Der kleine Drache fiel fast vom Baum und Morris auch.

Der Mann auf der Bank neben Großmutter nickte. »Ich bin Zoodirektor«, sagte er. »In meinem Zoo ist ein Käfig frei für den kleinen Drachen.«

»Glauben Sie denn, dass der kleine Drache in Ihrem Käfig glücklich wäre?«, fragte Groß-mutter.

»Glücklich?« Das wusste der Mann nicht.

Aber auf jeden Fall wäre er nützlich. Weil die
Menschen, die in den Zoo kamen, den kleinen
grünen Drachen ansehen könnten.

»Ich will nicht, dass er nützlich ist«, sagte
Großmutter. »Ich will, dass er glücklich ist.«

»Aber nützlich zu sein ist wichtig«, sagte der
Mann.

»Glücklich zu sein ist wichtiger«, sagte
Großmutter. »Und außerdem, außerdem ist er
nützlich, der Drache.«

»So? Was kann er denn?«, fragte der Mann.

»Er kann mit den Augendeckeln klappern!«
Großmutter klapperte mit ihren Augendeckeln.
Der Drache oben im Baum klapperte mit. Das
machte schön Krach.

»Der Drache kann auch qualmen!« Großmutter hustete, und wie sie hustete.

Der Zoodirektor hustete auch. Denn oben im
Baum qualmte der Drache.

»Das nennen Sie nützlich!«, schrie der
Mann. Er sprang auf und rannte aus dem
Garten.

»Auf Nie-mehr-Wiedersehen!«, rief Großmutter hinter ihm her und lachte.

Und dann fiel sie fast um. Weil Morris ihr
von vorn um den Hals flog und der kleine
grüne Drache sie von hinten ansprang.

Der kleine grüne Drache
in der Schule

Der kleine Drache im Museum

Am Dienstagmorgen packte Großmutter für
Morris eine Banane und ein Butterbrot in den
Schulranzen.

Dann steckte sie ihm noch ein Taschentuch
in die Jeanstasche. Sie küsste Morris auf die
Backe und wünschte ihm viel Spaß in der
Schule.

»Is will aus eine Banane und einen Kuss«,
sagte der kleine grüne Drache.

Großmutter lachte. Sie nahm den kleinen
Drachen in die Arme.

Als sie ihn auf die Nase küsste, machte der
Drache die Augen zu.

»He du, schlaf nicht ein!« Morris kniff ihn in
den Schwanz.

»Au!«, schrie der Drache und rannte Morris
bis zum Gartentor hinterher.

Das machte er jeden Morgen, seitdem Morris
in die Schule ging.

»Is freu mis son, wenn du wiederkommst«,
sagte er.

»Heute musst du aber lange auf mich

warten«, sagte Morris. »Wir gehen nämlich mit der Klasse ins Schlossmuseum.«

»Was ist denn das, ein Slossmuseum?«, fragte der Drache.

»Im Schlossmuseum kannst du viele Tiere sehen, die früher mal auf der Erde gelebt haben«, sagt Morris.

»Ist das Slossmuseum denn ein Zoo?«

»Nein. Die Tiere im Museum sind doch nicht mehr lebendig. Saurier gibt es da und Donnerechsen.«

»Sind da aus Drasen?«, fragte der kleine Drache.

»Vielleicht«, sagte Morris. »Wenn ich einen treffe, dann grüß ich ihn von dir.«

»Is will mit dir ins Slossmuseum«, sagt der kleine Drache.

»Das geht nicht!« Morris lief zur Schule.

Der kleine Drache setzte sich auf die Treppenstufe vor dem Haus. Er blinzelte in die Sonne und überlegte.

»Wenn es wirklis Drasen im Slossmuseum gibt, dann will is sie besusen. Aus wenn sie nist mehr lebendig sind.«

Er stand auf und machte sich auf den Weg.

Vor dem Schlossmuseum saßen zwei große Löwen.

Sie sahen gefährlich aus.

Aber sie brüllten nicht mal, als der kleine Drache an ihnen vorbeiging. Die Löwen waren nämlich aus Stein.

Der Museumswärter war nicht aus Stein. Er stand mit ernstem Gesicht und dunkelblauer Jacke am Eingang. Und er fragte den Drachen, was er denn wolle.

»Is will ins Slossmuseum«, sagte der kleine grüne Drache.

»Das kostet einen Euro«, sagte der Mann.

»Einen Euro? Wofür denn? Is will dos nur die Tiere besusen«, sagte der Drache.

»Wie viel Geld hast du denn?«, fragt der Mann.

Der kleine Drache zeigte seine leeren Pfoten. Er hatte überhaupt kein Geld.

Dann konnte der Museumswärter ihn nicht hineinlassen.

»Das ist aber ganz sön gemein von Ihnen!« Der kleine Drache regte sich auf. Er musste husten vor Ärger. Immer wenn er hustete, kam grüner Qualm aus seinem Maul. Der Mann in der dunkelblauen Jacke mit den goldenen Knöpfen hustete auch. Und wie!

Er schrie und presste beide Hände vors Gesicht. Denn der Qualm brannte in den Nasenlöchern und in den Augen.

Seine Frau hörte ihn schreien. Sie polierte in der großen Halle gerade dem Dinosaurier die Rippen mit dem Staubtuch.

»Was hast du denn?«, rief sie.

»Ein Drache, ein Riesendrache ist im Museum!«, brüllte der Mann. »Er ist grün. Er kann Feuer spucken. Er hat einen Schwanz, bestimmt vier Meter lang.«

Vier Meter lang? – Der kleine grüne Drache grinste. Er hatte sich zwischen zwei Säulen versteckt und kringelte den Schwanz um seinen Bauch. Auch wenn der nicht vier Meter lang war, konnte er den kleinen Drachen doch verraten.

Saurier

Der Mann suchte den Drachen. Seine Frau half ihm dabei. Obwohl sie nicht glaubte, dass er da war.

Der kleine Drache hörte, wie sie mit ihrem Mann schimpfte, dass er Gespenster sehen würde und weiße Mäuse. Und Drachen, aber die kämen nur in Märchen vor oder in Sagen und anderen Geschichten. In Wirklichkeit habe es Drachen nie gegeben.

»So!« Der kleine Drache war sich aber ganz sicher, dass er da war.

Sein Bauch tat weh, sein Kopf, sein Schwanz.

»Wenn is nist bald ein anderes Versteck finde, dann zerquetsen die beiden Säulen mis nos.« Der kleine Drache seufzte.

Plötzlich hörte er Fußgetrappel und Kinderstimmen.

Ob das wohl die Schulklasse von Morris war?

Der Drache schielte hinter der Säule hervor. Er sah viele Kinder, die ihre Jacken und

Taschen an die Haken in der Garderobe hängten. Der Museumswärter und seine Frau halfen dabei.

»Jetzt haben die beiden mis vergessen. Jetzt kann is endlis die Drasen besusen«, überlegte der kleine Drache.

Ob die da hinter der großen, braunen Tür wohnten?

Der kleine Drache sprang in den Flur. Er fiel auf den Bauch, weil der Fußboden so glatt gebohnert war. Er stellte sich wieder hin und rutschte auf seinen breiten, grünen Pfoten wie auf einer Schlitterbahn über die Steinplatten bis zur Tür.

Hinter der Tür fand der Drache eine große Halle. Die war bestimmt so hoch wie ein vierstöckiges Haus. Sie musste aber auch so groß sein. Denn die Tiere, die in der Halle standen, waren riesig.

»Oh!«, sagte der kleine Drache und verbeugte sich. »Seid ihr vielleist die Drasen, die is besusen möste?«

Keines von den Tieren antwortete ihm.

»As, das könnt ihr ja aus nist. Weil ihr ja nist lebendig seid so wie is!«

Der Drache wunderte sich, dass die Tiere alle so nackig waren. Sie standen da in ihrem Knochengerüst.

Das Tier in der Mitte der Halle hatte einen Riesenschädel.

»Ob die spitzen Zähne wohl est sind?« Das wollte der kleine Drache mal fühlen. Er krabbelte vorsichtig in den Kopf.

»Hier ist es wie in einer Höhle. Ristis gemütlis zum Slafen«, sagte der kleine Drache. Er zog seinen Schwanz hoch, damit ihn keiner sah, und gähnte.

Aber schlafen konnte er nicht.

Die Kinder rissen die Tür zur Halle auf. Sie schrien »ah« und »oh« und »guck mal«.

Der Museumswärter schrie: »Ruhe bitte!«

Der kleine Drache schaute durch die Zahn-lücken des Sauriers.

Da stand doch Morris, genau vor ihm.

Der kleine Drache wollte gern ein bisschen qualmen. Damit Morris merkte, dass er da war.

Nur, da waren die anderen Kinder und der Museumswärter.

Wenn der ihn entdeckte!

»Das also«, sagte der Mann mit der blauen

Jacke, »das ist ein Tyrannosaurier. Das gefähr-
lichste Raubtier, das je auf der Erde gelebt hat.
Dieser Saurier hat sogar andere Saurier auf-
gefressen.«

»Oh!« Der kleine grüne Drache fürchtete
sich. Weil er ja in dem Maul von dem
gefährlichen Tier saß.

Da wollte er sofort raus. Nur – seine
Schwanzspitze war zwischen den Kiefer-
knochen eingeklemmt.

Der Drache zog und zerrte an seinem
Schwanz.

Er fürchtete sich noch mehr. Denn der Kopf
von dem Saurier schaukelte dabei hin und her.
Außerdem knarrte er wie eine alte Keller-
treppe.

»Der sieht aber sehr lebendig aus«, sagte
Morris. »Ist denn da ein Motor eingebaut?«

»Um Himmels willen, wer ist denn da drin?«
Der Museumswärter stürzte sich auf den
Saurier.

»Is, is bin hier drin!« Der Drache hustete
jetzt. Er qualmte grüne Qualmwolken.

»Weg hier, weg hier!«, brüllt der Mann die
Kinder an.

Alle schrien, rannten durcheinander und suchten ein Versteck. Nur Morris nicht.

»Kleiner Drache«, rief er. »Kleiner Drache, komm sofort aus dem Kopf von dem Saurier!«

»Is kann nist. Mein Swanz ist eingeklemmt!«, heulte der kleine Drache.

Da kletterte Morris in den Schädel und half dem Drachen.

Als der dann ängstlich neben dem Tyrannosaurier stand, sah er sehr klein aus.

Die Kinder und die Lehrerin kamen aus ihrem Versteck.

Sie freuten sich, dass der kleine Drache da war. Denn Morris hatte in der Schule schon oft von ihm erzählt.

Der Mann mit der blauen Jacke freute sich nicht. Er zeigte mit spitzem Finger auf den kleinen Drachen und sagte, dass er den Eintritt nicht bezahlt habe.

»Is hab ja kein Geld!« Der kleine Drache wurde ganz hinten an der Schwanzspitze ein bisschen rot.

»Ich bezahle schon für ihn«, sagte die Lehrerin, Frau Neumann. Der kleine Drache lachte und bedankte sich.

»Darf is aus mal in die Sule kommen?«, fragte er.

»Ja, ja, ja!«, schrien die Kinder.

Und da konnte Frau Neumann natürlich nicht Nein sagen.

Der kleine Drache in der Schule

An diesem Tag ging der kleine Drache mit in die Schule. Großmutter legte zwei Äpfel und zwei Butterbrote in den Ranzen von Morris. Sie bat den Drachen, in der Schule gut aufzupassen. Und auf keinen Fall zu stören.

»Is stör überhaupt nist«, versicherte der kleine Drache. Er packte sich den Schulranzen vor den Bauch.

Morris war froh, dass der kleine Drache den Ranzen trug.

Auf dem Schulhof wartete Frau Neumann, die Lehrerin, mit den Kindern auf das Klingelzeichen.

Sie freute sich über den Besuch vom kleinen Drachen.

Die Kinder freuten sich ganz besonders.

»Kleiner Drache, qualmst du heute wieder?«

»Vielleist!« Der kleine Drache zog sein Maul breit. Er lief hinter Morris die Treppe hoch.

Das Schulhaus gefiel dem kleinen Drachen. Es war gelb gestrichen. Die Türen waren blau.

Das Klassenzimmer hatte er sich ganz anders vorgestellt.

»Das sieht aber hier sehr komis aus.« Der kleine Drache blieb vorn an der Tür stehen.

»Wieso sieht es bei uns komisch aus?«, fragte Frau Neumann.

»Weil ...«, der kleine Drache blinzelte in die Neonröhren oben an der Decke. »Weil ihr so komises List habt. Das ist ja ganz srecklis.«

»Uns gefällt das Licht auch nicht«, sagte Frau Neumann. »Nur – wir haben kein anderes.«

»Wo sind denn die Spielsasen?«, fragte der kleine Drache. »Warum sind die Wände so weiß? Ist denn kein Teppis zum Hinlegen da?

Wieso stehen in der Klasse nur Tise und Stühle rum?«

»Jedes Kind hat seinen Platz.« Frau Neumann bat den kleinen Drachen, sich an den letzten Tisch zu setzen. Zu dem Mädchen gleich am Fenster.

Der kleine Drache schnupperte an den Blumen auf der Fensterbank. Er schaute sich die Bilder an, die die Kinder gemalt hatten. Sie hingen an der Holzleiste.

Dann rutschte er auf seinem Stuhl herum.

»Wie heißt du?«, fragte er das Mädchen, das neben ihm saß.

»Ich heiße Ulrike«, flüsterte es.

»Warum flüsterst du?«, fragte der Drache. »Ist das ein Geheimnis?«

»Wenn die Stunde angefangen hat, dürfen wir nicht mehr zusammen reden«, erklärte Ulrike.

»Aha!« Der kleine Drache legte die Pfoten auf den Tisch.

»Ich dachte«, sagte Frau Neumann, »zur Begrüßung singen wir dem kleinen Drachen das Lied vom Apfel.«

Der Drache hörte gut zu, bis zum Schluss.

»Das ist aber ein sehr sönes Lied«, sagte er. »Und die Zunge, die Zunge von der Frau Neumann, die ist aus sehr sön.«

»Meine Zunge?«, fragte Frau Neumann.

»Ja, die hab is gesehn. Die ist immer in Ihrem Mund auf und ab getanzt. Als Sie gesungen haben.«

»So!« Frau Neumann bückte sich und holte ein Buch aus ihrer Tasche.

»Einmal«, sagt der kleine Drache, »einmal, da hab is mir auf die Zunge gebissen. Das war sehr slimm. Soll is dir mal erzählen, wie das kam?«

»Du, kleiner Drache«, sagt Frau Neumann, »in der Schulstunde darfst du nur reden, wenn du gefragt wirst.«

»Aber Sie fragen mis ja gar nists!«

»Doch! Wie alt bist du eigentlich?«

»Is?« Der kleine Drache sprang auf und zählte die Spitzen an seinem Schwanz. »Eins, zwei, drei, vier, fünf, ses, sieben ...«

Alle fünfzig Jahre wuchs eine neue Spitze. Also war er dreihundertfünfzig Jahre alt.

»Und wie viele Jahre sind Sie son auf der Welt?«, fragte der kleine Drache.

»Dreiundvierzig«, sagte Frau Neumann. Sie
bat den kleinen Drachen, sich hinzusetzen.

Der kleine Drache wollte aber viel lieber
stehen. Oder ein bisschen herumlaufen.

Aber das wollte Frau Neumann nicht.

»Stillsitzen ist aber sehr swer!« Der kleine
Drache hockte sich hin.

»So, holt mal alle eure Lesebücher raus«,
sagte Frau Neumann. »Wir lesen die
Geschichte vom Igel weiter.«

Sie fragte, ob Daniel anfangen wolle.

Daniel saß in der ersten Bank. Der kleine
Drache konnte nur seinen Rücken sehen. Das
gefiel ihm nicht. Er stand leise auf. Nahm
seinen Stuhl, stellte ihn vor Daniels Tisch und
setzte sich.

Frau Neumann fand das nicht besonders gut.
Aber wenn der kleine Drache unbedingt dem
Daniel beim Lesen zugucken wolle, dann solle
er sitzen bleiben.

»Ich will ihn auch sehen!«, schrie Morris.
Ulrike, Anne, Jens, Tillmann und Tobias
schrien auch.

Und Barbara schrie, dass sie schon lange die
Tische und Stühle hätten umstellen wollen.

»Umstellen?« Der kleine grüne Drache fing gleich mit dem Umräumen an.

»Moment! Moment!«, rief Frau Neumann. »Wir wissen doch noch gar nicht, wie wir die Tische hinstellen!«

»Dos«, sagte der kleine Drache. Das wusste er ganz genau. »Die Tise und Stühle sollen so stehen, dass is alle Kinder ansauen kann.«

Der kleine Drache explodiert

Es regnete. Morris und der kleine grüne Drache gingen zur Schule.

Auf dem Bürgersteig waren viele Pfützen. Die beiden sprangen von einer zur anderen.

Das Wasser spritzte.

Dem kleinen Drachen gefiel das sehr.

»Es kitzelt so, wenn die Regentropfen an meinem Swanz runterlaufen.«

Morris lachte und war froh, dass er Gummistiefel und den Regenmantel angezogen hatte.

Dabei wollte er das zuerst gar nicht. Aber Großmutter hatte darauf bestanden.

»Sau mal, da beim Bäcker Kalbmeier, die Pfütze. Die ist bestimmt ganz tief. Wollen wir da zusammen reinspringen? Dann spritzt das Wasser nos höher.«

Es spritzte sehr hoch, einem Mann bis an die Nase. Er kam gerade mit seiner Brötchentüte aus der Bäckerei.

»Könnt ihr denn nicht aufpassen?«, brüllte er.

»Oh, Entsuldigung!«, sagte der kleine Drache. »Is wusste gar nist, dass Sie da sind.«

»Aber ich bin doch wohl nicht zu übersehen«, sagte der Mann ärgerlich.

Er war wirklich groß. Einen dicken Bauch hatte er auch.

Morris hatte ihn trotzdem nicht gesehen. »Weil Sie so einen dunklen, grauen Mantel anhaben.«

»Der Mantel ist ja ristig seußlis grau. So grau wie der Bürgersteig«, sagte der Drache.

»Warum haben Sie nist so einen gelben Mantel an wie Morris? Dann hätten wir Sie bestimmt gesehen.«

»Das ist ja wohl meine Sache!« Der Mann klemmte seine Brötchentüte unter den Arm. Dann drehte er sich um und ging.

»Komm«, sagte Morris. »Wir müssen jetzt an der Ampel über die Straße.«

»Is will den Ampelknopf drücken!«, schrie der kleine Drache.

Als das grüne Männchen erschien, freute sich der Drache.

»Das ist aus so sön grün wie is.« Er lief hinter Morris über die Straße.

»Und nun brausen wir nur nos bei dem Blumengesäft um die Ecke. Dann sind wir in der Bärenstraße und sehen unsere Sule«, sagte der kleine Drache.

»Ich mag die Bärenstraße überhaupt nicht«, sagte Morris. »Weil da so viele Autos fahren. Die sind laut und stinken.«

»Aber die können uns nists tun!« Der Drache hopste mit beiden Pfoten in eine Pfütze. »Weil wir dos auf dem Bürgersteig sind.«

Als der kleine Drache und Morris in die

Bärenstraße einbogen, war plötzlich mitten auf dem Bürgersteig eine Baustelle.

»Wo kommt die denn auf einmal her?«, schrie Morris. »Die war gestern aber noch nicht da.«

»Aber jetzt ist sie da!« Der Drache rannte mit Morris zu der Baustelle.

Da, wo sonst graue Pflastersteine lagen, war nun ein tiefes Loch. Es war von allen vier Seiten durch Bretter abgesichert.

Der Drache hielt sich an einem Brett fest und schaute in das Loch.

»Is wusste gar nist, dass in der Erde so viele swarze, dicke Würmer sind«, wunderte er sich.

»Das sind doch keine Würmer«, sagte Morris. »Das sind Telefonkabel und Strom-leitungen. Die werden bestimmt repariert.«

»Is kann aber keine Männer sehen!«

»Vielleicht trinken sie gerade Kaffee«, meinte Morris.

»Aber die dürfen dos nist einfas die Straße aufreißen«, beschwerte sich der Drache. »Wie sollen wir denn jetzt zur Sule kommen?«

Morris versuchte, sich zwischen der Baustelle und der Häuserreihe vorbeizuquetschen.

Das ging nicht. Obwohl Morris sehr dünn war.

»Dann müssen wir eben ein Stück auf der Straße laufen.«

»Das geht aus nist.« Der kleine Drache zeigte auf die Autos. »Die halten bestimmt nist.«

»Vielleicht doch, wenn sie uns sehen. Ich hab doch meinen gelben Mantel an.« Morris gab dem kleinen Drachen die Hand und zog ihn mit an die Bordsteinkante.

»Is hab Angst«, sagte der kleine grüne Drache.

Ein Auto nach dem anderen jagte an den beiden vorbei.

Und die Menschen in den Autos taten so, als wären der kleine Drache und Morris überhaupt nicht da.

»Die sind alle so gemein!« Morris weinte. Die Tränen liefen ihm die Backen hinunter.

»Und unversämt sind sie aus!« Der kleine Drache sprang zurück. Ein Auto hatte ihn vom Kopf bis zum Schwanz nass gespritzt. Jetzt reichte es ihm aber.

»Ich will nach Hause.« Morris heulte. »Groß-mutter holen!«

»Meinst du denn, dass die Autos vor Großmutter Halt masen?« Das glaubte der Drache
nicht. Da wusste er was Besseres. »Wenn is
son qualmen kann, dann tu is es aus!«

Er hustete und qualmte. Spuckte grüne
Qualmwolken auf die Straße.

Bremsen quietschten.

Autos hupten – und hielten an!

Die Menschen sprangen aus ihren Autos.
»Da ist was explodiert!«, schrien sie.

»Is bin explodiert!«, sagte der kleine Drache.
Und er zog Morris auf die Straße, an der Baustelle vorbei, wieder auf den Bürgersteig.

Keine Hausaufgaben

Die ganze Nacht hatte es geschneit. Auch am Morgen, als Morris und der kleine Drache in der Schule gewesen waren.

Am Nachmittag baute der kleine Drache im Garten einen Schneemann.

Morris saß in seinem Zimmer und machte Hausaufgaben.

Der grüne Drache konnte ihn am Fenster sitzen sehen.

»Bist du denn immer nos nist fertig?«, rief er und warf einen Schneeball an die Scheibe.

Morris erschrak. Er riss das Fenster auf und brüllte den Drachen an.

»Srei dos nist so!«, sagte der kleine Drache. »Warum bist du denn so wütend?«

»Weil«, sagte Morris, »weil ich Hausaufgaben machen muss. Und du, du kannst im Schnee spielen.«

Da merkte der kleine Drache, dass ihm das Spielen allein gar keinen Spaß machte. Er lief zu Morris ins Zimmer und wollte bei ihm bleiben, bis die Hausaufgaben fertig waren.

Zuerst saß er still neben Morris. Aber dann wurde es ihm langweilig.

Er nahm ein Blatt und einen roten Stift. Dann malte der kleine Drache einen Schneemann. Der stand allein auf einer Wiese.

Morris gefiel das Bild.

Und weil auf dem Blatt noch viel Platz war, malte er neben den Schneemann eine Schneefrau.

»Was macht ihr denn da?« Großmutter stand plötzlich im Zimmer.

»Ich mache Hausaufgaben«, sagte Morris.

»Das seh ich!« Großmutter nahm sein Heft in die Hand.

»Junge«, sagte sie. »Du bist ja noch kein bisschen weitergekommen. Wie lange schreibst du denn an den paar Sätzen?«

Sie setzte sich zu Morris.

»Gut, dass is keine Hausaufgaben masen muss«, sagte der kleine grüne Drache. »Die Sule find is sön. Aber Hausaufgaben überhaupt nist.«

»Hast du früher auch Hausaufgaben machen müssen?«, fragte Morris die Großmutter.

»Ja«, sagte die Großmutter. »Ich musste auch

Hausaufgaben machen. Dann saß meine
Mutter immer mit dem Kochlöffel neben mir.«

»Hat sie denn dabei Essen gekost?«, fragte
der Drache.

»Nein, aber manchmal hab ich nicht gut
genug geschrieben. Dann hat meine Mutter
mir mit dem Kochlöffel auf die Finger
gehauen.«

»Hast du denn dann besser gesrieben?«,
fragte der kleine Drache.

Großmutter seufzte. Sie schüttelte den Kopf.
Sie sagte, dass sie bei den Hausaufgaben oft
geweint hätte. Dann wären die Tränen auf die
Schiefertafel gefallen und hätten die Buch-
staben verwischt. Dann hätte sie alles noch
einmal schreiben müssen.

»Hast du das gehört?« Der kleine Drache
stupste Morris in die Seite.

Morris, der gerade »Blume« schrieb, rutschte
mit dem Stift quer über das Blatt.

»Kannst du denn nicht aufpassen?«, brüllte
er. »Jetzt hast du mir die ganzen Hausaufgaben
kaputtgemacht.«

»Is hab das dos nist extra getan«, entschuldigte
sich der kleine Drache.

»Aber du hast es getan«, schrie Morris ihn
an. »Und ich werde morgen von Frau Neumann
ausgeschimpft. Nur weil du so blöd bist.«

»Du bist aus blöd«, schimpfte der kleine
Drache. »Is sitze hier bei dir und warte auf dis.
Und du plärrst mis so an!«

»Hau doch ab!«, schrie Morris.

»Das mas is aus!« Der Drache sprang auf,
klapperte mit den Augendeckeln, hustete und
qualmte. Als er nicht mehr qualmte, war das
Heft von Morris brutzelbraun.

»Oh, nein! Sieh dir an, was du gemacht
hast!«

Morris hielt ihm das Heft unter die Nase. Der kleine Drache schnappte mit seinem Maul nach dem Heft. – Und fraß es auf!

»So!«, sagte er und kaute und schluckte. »Jetzt hast du überhaupt keine Hausaufgaben mehr!«

»Und was soll ich sagen, wenn Frau Neumann mich morgen danach fragt?«, schrie Morris.

»Dann, dann zeig is ihr, wo die Hausaufgaben sind!« Der kleine Drache tippte auf seinen Bauch.

»Und dann sag is ihr aus, dass is Hausaufgaben nist leiden kann.«

Ein Sofa, ein Herd und eine Lampe

»Kleiner Drache!«, rief Morris. »Kleiner Drache, aufstehen! Es ist schon gleich Viertel nach acht!«

Morris kitzelte ihn an der Nase.

Der kleine Drache musste niesen.

»Jetzt hast du mis geweckt. Dabei hab is grad einen ganz sönen Traum gehabt.« Er rieb sich die Augen und saß verschlafen in seinem Bett.

»Was hast du denn geträumt?« Morris krabbelte zu ihm unter die Bettdecke.

»Is hab geträumt, dass is Feuer spucken kann. Is war in der Sule. Da war in unserer Klasse ein blauer Kaselofen. Der war aber ganz kalt. Die Frau Neumann hat zu mir gesagt, is soll das Feuer in dem Kaselofen anzünden.«

»Und hast du das gemacht?«, fragte Morris.

»Ne, grad als is Feuer spucken wollte, da hast du mis geweckt.«

»Die Schule fängt ja auch um neun Uhr an.«

»Is geh heut nist in die Sule.« Der kleine grüne Drache rollte sich wieder in seine Decke.

»Du willst wohl schwänzen!« Morris versuchte, ihm die Decke wegzuziehen. Aber der Drache hielt sie mit beiden Pfoten fest.

»Is slafe nos ein bissen. Und is träume, dass is das Feuer in dem Kaselofen anzünde. Wenn is fertig bin, dann komm is in die Sule.«

»Aber beeil dich. Nach der großen Pause basteln wir die Laternen.«

»Ja, is beeil mis son!« Der kleine Drache zog sich die Decke über den Kopf. Weil es im Zimmer schon so hell war.

»Du hast es gut. Und ich muss in die Schule!« Morris wäre so gern bei dem kleinen Drachen geblieben.

Der kleine Drache träumte seinen Traum zu Ende.

Als das Feuer im Kachelofen brannte, wachte er auf.

Er hopste aus dem Bett und lief ins Bad. Freiwillig putzte er sich die Zähne und wusch sich die Pfoten und das Gesicht. Mit dem Waschlappen fuhr er über seine Schwanzspitzen und sang: »Alle meine Entsen swimmen auf dem See.«

»Du hast wohl heute sehr gute Laune!«, rief

Großmutter. Sie schüttelte im Schlafzimmer ihr Bett auf.

»Is freu mis so, weil is so einen sönen Traum hatte. Und weil is jetzt in die Sule gehe. Da bastel is eine Laterne.«

Der kleine grüne Drache schmierte sich ein Brötchen mit Butter und Honig. Dann lief er zur Haustür. Da drehte er sich noch einmal um und rief: »Großmutter, is senk dir einen dicken Kuss!«

»Pass auf dich auf!«, rief Großmutter hinter ihm her. »Es macht nichts, wenn du zu spät kommst. Wichtig ist, dass du heil ankommst.«

Der kleine Drache passte sehr gut auf. Er lief durch die Amselstraße, die Birkenallee, rannte die Heisenstraße runter. Und da entdeckte er etwas sehr Komisches!

Auf dem Bürgersteig standen ein Sofa, ein Herd und eine Stehlampe. Einfach so standen die Sachen da rum. Und auf dem Sofa saß ein Mann. Der hatte eine Pfeife zwischen den Zähnen und paffte kleine, runde Rauchwolken in die Luft.

»Oh, Sie können aber sehr gut qualmen!«,
sagte der kleine Drache.

»Is kann das aus!«

»So!«, sagte der Mann.

Er tat, als wäre der kleine Drache überhaupt
nicht da.

»Darf is mis ein bissen zu Ihnen setzen?«,
fragte der kleine Drache.

Der Mann nickte und rückte zur Seite.

Das Sofa war weich und gemütlich und hatte
einen Blümchenstoff.

»Gehört das Ihnen?«, fragte der kleine
Drache.

Der Mann nickte. Es war mal sein Sofa gewesen. Jetzt wartete er auf die Leute vom Sperrmüll. Sie sollten das Sofa, den Herd und die Lampe abholen.

»Was masen sie denn beim Sperrmüll damit?«

»Sie werfen es auf irgendeine Müllhalde.«
Der kleine Drache strich mit seiner Pfote über den Blümchenstoff. »Senkst du mir das Sofa und den Herd und die Lampe?«

»Was willst du denn damit anfangen?«

»Mit in die Sule nehmen. Wir haben nämlis kein Sofa zum Draufsetzen. Tee können wir aus nist kosen. Und gutes List haben wir aus nist.«

»Du willst die alten Sachen mit in die Schule nehmen?« Der Mann hatte noch nie davon gehört, dass es in der Schule Sofas gab.

»Gibt es ja aus nist«, erklärte der kleine Drache. »Darum sollst du mir deins ja aus senken. Verstehst du das nist?«

»Doch!« Der Mann überlegte. »Mit einem Sofa in der Klasse ist es bestimmt gemütlich. Nur – was sagt deine Lehrerin dazu?«

»Frau Neumann freut sis bestimmt.«

»Ich kann mir das einfach nicht vorstellen«, sagte der Mann. »Ein Sofa in der Schule.«

»Braust du aus nist«, sagte der kleine Drache. »Du musst mir nur helfen, das Sofa und den Herd und die Lampe in die Sule zu tragen. Dann siehst du es ja.«

Kuchenbacken

Am Dienstagmorgen in der ersten Stunde saß Frau Neumann auf dem Platz vom kleinen grünen Drachen.

»Weil is nämlis heute euer Lehrer bin«, verkündete der kleine Drache.

Nach langem Betteln hatte Frau Neumann es endlich erlaubt. Aber erst, nachdem er versprochen hatte, keinen Unsinn zu machen und nicht zu fauchen.

»So«, sagte der kleine Drache. »Dann wollen wir mal den Anfang masen. Habt ihr Lust, ein bissen mit mir das Riesen zu üben?«

Riechen üben? Wieso denn das? Das brauchten sie doch nicht zu üben. Das konnten sie doch.

»Is weiß nist«. Der kleine Drache packte aus seiner großen Tasche sieben karierte Säckchen aus. Die stellte er auf den Tisch.

»Was ist denn da drin?« Die Kinder liefen nach vorn.

»Das verrat is nist«, sagte der kleine grüne Drache. »Das sollt ihr ja riesen.«

Riechen machte Spaß. Sie drückten die Säckchen an ihre Nasen.

»In meinem Säckchen ist Milchreis drin«, rief Morris.

»Milsreis? Da hast du aber nist ristig geraten«, sagte der kleine Drache. »Ries dos nos einmal!«

Morris hielt das Säckchen noch einmal an seine Nase. »Doch«, sagte er. »So riecht es immer, wenn Großmutter Milchreis kocht. Dazu gibt es braune Butter und Zimt!«

»In dem Säcksen ist aber trotzdem kein Milsreis. Oder kannst du die Körner fühlen?«

Morris fühlte. Die Körner waren nicht drin. Aber der Zimt. Der roch so gut.

Auch der Anis, die Muskatnuss, der Fenchel, die Rosinen, die getrockneten Birnenstücke und die Apfelringe.

Als alle genug gerochen hatten, packte der kleine Drache ein Stück Butter, ein Glas Honig, zwei Eier, eine Tüte Mehl und Backpulver aus. Dazu stellte er eine Rührschüssel und legte einen Rührlöffel auf den Tisch. »So, und nun backen wir einen leckeren Kusen. Und wenn der fertig ist, essen wir ihn auf.«

»Kleiner Drache«, meldete sich Frau Neumann. »Kleiner Drache, wir haben heute Rechnen, Singen und Schreiben. Ob das mit dem Kuchenbacken so richtig ist?«

»Es ist bestimmt ristis«, sagte der kleine Drache. Er fragte Frau Neumann, ob sie mit dem Schreiben gleich anfangen wolle. Frau Neumann ging zur Tafel. Der kleine Drache diktierte, was alles in den Kuchen kam.

»Am besten sreibst du alles untereinander, dann können wir gleis zusammenresnen. Damit wir wissen, wie swer der Kusen wird.«

»Also, in den Kusen kommen 500 Gramm Mehl, 250 Gramm Honig, 250 Gramm Butter, ein Ei von 100 Gramm, 10 Gramm Backpulver,

250 Gramm Rosinen, 100 Gramm getrocknete Birnenstücke, 100 Gramm Apfelringe, 100 Gramm Mils, 10 Gramm Zimt, 10 Gramm Anis, 5 Gramm Muskatnuss und 5 Gramm Fensel.«

»Willst du das aus gleis ausresnen?«, fragte der kleine grüne Drache.

Aber das wollte Frau Neumann nicht.

»Ich hab es schon zusammengezählt!«, rief Uli. »Der Kuchen wird 1690 Gramm schwer.«

Der kleine Drache freute sich. Das hatte er auch herausbekommen. Aber als er die Kuchenform mit dem Teig gefüllt auf die Waage stellte, stimmte es doch nicht.

Es fehlten 190 Gramm.

»Oh!«, sagte der kleine Drache. »Wir haben 190 Gramm Teig weggesleckt!«

Er schob den Kuchen in den vorgewärmten Backofen.

»So«, meinte der Drache. »Das hätten wir gesafft. Jetzt singen wir dem Kusen ein Lied. Wer will, kann aus ein bissen tanzen. Damit er keine Baussmerzen bekommt von dem Teig.«

Aber sie dürften nicht zu laut sein, damit sie den Kuchen nicht störten.

Den Kuchen störte das Tanzen und Singen nicht. Auch nicht, dass die Kinder immer wieder durch die Scheibe in der Backofentür guckten. Er wurde höher und höher.

»Wie der riest! Mir wird ganz swindlig von dem guten Gerus!« Der kleine Drache setzte sich auf das Sofa. Morris auch. »Ich glaube, der Zimt riecht so gut. Wo kommt der eigentlich her, der Zimt?«

»Oh!«, sagte der kleine Drache. »Das weiß is gar nist. Aber darüber können wir ja mal nasdenken.«

»Weißt du denn, wo der Anis wächst?«, fragte Katrin.

»Nein«, sagte der kleine Drache. »Is weiß nur, wo die Eier herkommen. Das eine Ei hat die Henrietta gelegt und das andere Ei aus.«

Kreide

Nach der zweiten Stunde war große Pause. Die Kinder liefen auf den Schulhof.

Nur der kleine Drache nicht. Frau Neumann wollte mit ihm reden.

»Is will aus mit dir reden«, sagte der kleine Drache.

Er saß auf dem Sofa.

»So!« Frau Neumann setzte sich zu ihm. »Was gibt es denn?«

»Is soll dir was bestellen von Großmutter. Sie hat nämlis auf dem Boden nos eine Saukel. Die will sie uns senken. Dann können wir hier in der Klasse sön saukeln.«

Frau Neumann lachte. Sie legte den Arm um den kleinen Drachen und sagte, dass er Groß-mutter grüßen solle. Aber die Schaukel wolle sie nicht haben.

Jetzt reiche es mit den vielen Spielsachen. Zuerst habe der kleine Drache das Sofa, den Herd und die Lampe angeschleppt.

Nun kämen die Kinder jeden Tag und brächten etwas anderes mit. Das Puppenhaus, die Scheune mit den Tieren, die Spiele, die Klamottenkiste zum Verkleiden.

»Aber das sind alles Sasen, die wir brausen«, sagte der kleine Drache.

»Ja, das sehe ich ein«, sagte Frau Neumann. »Aber in der Klasse soll ja auch noch gelernt werden.«

»Das tun wir dos aus«, versicherte der kleine Drache. »Is kann sogar son sehr gut lesen.«

»Nur richtig sprechen hast du immer noch nicht gelernt!« Darüber wollte Frau Neumann sich mit dem kleinen Drachen unterhalten.

»Is kann nist ristis spresen?« Der kleine Drache tippte auf die letzte Spitze von seinem Schwanz. »Du sagst dos immer, is sprese viel zu viel.«

»Ja, aber mit dem ›ch‹ hast du Schwierig-keiten.«

»Im Drasenland spresen alle so wie is«, sagte der kleine Drache. »Aber is kann ja mal ver-susen, anders zu reden.«

Das fand Frau Neumann auch. Sie holte das Märchenbuch aus dem Regal und gab es dem kleinen Drachen. Er solle mal die Geschichte vom Wolf und den sieben Geißlein vorlesen.

Bei den ersten drei Sätzen ging es sehr gut.
Denn es kam kein Wort mit »ch« vor.

Aber dann, dann brach der kleine Drache sich
fast die Zunge ab. Weil er das »ch« hinten im
Hals sprechen sollte. Aber seine Zunge
quetschte sich immer wieder vorn zwischen die
Zähne.

Zuletzt war der kleine Drache sehr erschöpft.
Und traurig!

Frau Neumann tröstete ihn. Sie wolle noch
schnell ins Lehrerzimmer.

Wenn der kleine Drache mochte, könnte er
sich auf dem Sofa ein bisschen ausruhen.

Der kleine Drache rollte sich wie ein Ball in
die Sofaecke. Er las die Geschichte vom Wolf
weiter.

An der Stelle, wo der Wolf die Kreide fraß,
wurde der kleine Drache ganz wütend.

So ein böser Wolf! Fraß die Kreide, damit er
eine andere Stimme bekam. Nur weil er sich
die Geißlein schnappen wollte.

»Ob is wohl aus eine andere Stimme
bekomme, wenn is Kreide esse?«, überlegte
der kleine Drache. Vielleicht konnte er dann
das »ch« besser aussprechen.

Wie Kreide wohl schmeckte?

Der kleine Drache probierte ein Stück von der roten, der gelben und der grünen Kreide. Aber sie schmeckten ganz widerlich.

Die weiße Kreide war gut. Der kleine Drache schluckte drei Stück hinunter.

Nach der Pause saß er mit quittengelbem Gesicht auf der Bank.

»Kleiner Drache, was ist denn mit dir los?«, fragte Frau Neumann.

»Mir ist ganz slest«, jammerte der kleine Drache.

»Hast du denn dein Schulbrot überhaupt gegessen?«, fragte Frau Neumann.

»Nein, nur drei Stücke Kreide!« Und plötzlich musste der kleine Drache rülpsen. Dabei spuckte er ein Stück Kreide aus.

Beim zweiten Rülpsen flog das zweite Stück aus seinem Maul.

»Wenn is jetzt nos mal rülpse, dann geht es mir wieder gut«, meinte der kleine Drache.

Doch er musste lange auf das dritte Rülpsen warten. Die Kinder und Frau Neumann auch.

Die ganze Rechenstunde lang warteten alle auf das Rülpsen vom kleinen Drachen.

Als es zur Pause klingelte, sprang der kleine Drache auf. Und rülpste! Da war er sehr froh!

Frau Neumann auch!

Der kleine grüne Drache musste ihr versprechen, nie wieder Kreide zu essen.

Der Drache nickte. »Aber du musst mir aus was verspresen.«

»So, was denn?«

Da kletterte der kleine Drache auf seinen Stuhl, legte beide Arme um den Hals von Frau Neumann und sagte ihr leise etwas ins Ohr.

»Was flüsterst du denn?«, fragte Morris. »Was soll sie dir denn versprechen?«

»Das kannst du dir ja mal ausdenken«, sagte der kleine grüne Drache.

Der kleine grüne Drache
am Meer

Der kleine Drache verreist

Die Sommerferien waren da. Der kleine grüne
Drache, Morris und Großmutter reisten auf
eine Insel in der Nordsee.
Der Zug sollte um sieben Uhr abfahren. Aber
sie waren schon eine halbe Stunde früher am
Bahnhof.

»Das finde is sehr gut.« Der kleine Drache
war noch nie mit der Eisenbahn gefahren. Und
er wollte sich alles genau anschauen. Die große
Bahnhofshalle, den Fahrkartenschalter, die
Brezelbäckerei, die runde Uhr, die Gepäck-
wagen.

Die glänzenden Eisenbahnschienen gefielen
dem kleinen Drachen besonders gut. »Wer
putzt die Sienen denn so sön blank?«

»Das machen die Züge mit ihren Rädern,
wenn sie über die Schienen fahren«, sagte
Großmutter.

»Da liegen ja so viele Steine zwischen den
Sienen«, wunderte sich der kleine Drache. »Die
Steine sind ja lebendig. Sau mal, einer geht
sogar spazieren.«

»Spinnst du?«, fragte Morris. »Steine
können doch nicht herumspazieren.«

»Dos«, sagt der kleine Drache. »Sau selber
nas. Der Stein läuft sogar ganz snell.«

»Wo?« Morris bückte sich. Schaute runter.
Wirklich, da bewegte sich etwas zwischen den
Schienen. Aber kein Stein.

Eine kleine, graue Maus.

»Wo will die denn hin?«

Zu dem Stückchen Käsebrot, das zwischen
den Schienen lag.

»Ist die Maus süß!« Morris konnte die
schwarzen Perlaugen sehen, die Nagezähne.

Auch die kleinen Pfoten, mit denen die Maus
den Käse festhielt.

»Hoffentlis kommt der Zug nist so snell«,
sagte der kleine Drache. »Sonst wird die arme
Maus nos überfahren.«

Aber da brauchte er keine Angst zu haben.

Als der Zug laut und zischend in den Bahnhof einfuhr, ließ die Maus den Käse fallen.

Husch! Sie war verschwunden.

»Wo läuft sie denn hin?«, fragte der kleine
Drache.

»In ihr Mauseloch«, sagte Großmutter.

»Und wo ist das Mauselos?«

Das wusste Großmutter auch nicht so genau. Und sie hatte auch keine Zeit, darüber nachzudenken. Sie bat den kleinen Drachen, beim Einsteigen in den Zug gut aufzupassen und seinen Rucksack, die Schaufel und das Fischernetz nicht zu vergessen.

»Is nehme son alles mit«, versicherte der kleine Drache und kletterte hinter Morris in den Zug.

Großmutter fand ein Abteil, das ganz leer war.

Morris und der kleine Drache freuten sich über die Fensterplätze.

»Dann können wir sön rausgucken und uns die Welt ansauen.« Der kleine Drache fiel ins weiche Polster. »Da ist ja goldener Stoff drauf. Und Slaufen sind an den Sitzen. Wofür sind die denn?«

»Die Sitze lassen sich ausziehen. Und wir können uns dann ein Bett bauen.« Morris zeigte es dem kleinen Drachen.

»Das ist aber sehr gemütlis. Wenn is will, dann kann is slafen. Nur – is bin überhaupt nist müde.«

Der kleine Drache wollte gern das Fenster aufmachen.

Zusehen, wie der Zug abfuhr.

Morris wollte das auch.

Als der Zeiger der Bahnhofsuhr auf die Sieben sprang, pfiff der Schaffner, hob die Kelle und gab dem Lokführer in der Lokomotive ein Zeichen.

Tsch! Tsch! Tsch!

»Der Zug fährt ja son!«, schrie der kleine Drache. Und weil er es nicht glauben konnte, sollte Morris ihn mal ganz schnell in den Schwanz kneifen.

Morris kniff.

»Au!«, schrie der Drache. »Jetzt weiß is wirklis, dass is mit der Eisenbahn fahre.«

Draußen rollte die Welt vorbei.

Morris und der kleine Drache machten es sich in ihrem Eisenbahnbett gemütlich.

Großmutter packte Butterbrote, Tomaten, Rosinenbrötchen und Käse aus. Dazu gab es Apfelsaft.

Der kleine Drache biss ein Stückchen von seinem Käsebrot ab. Er riss das Fenster auf und warf es nach draußen.

»Kleiner Drache, was soll denn das?«, fragte Großmutter. »Du kannst doch nicht einfach den Käse wegwerfen.«

»Der ist dos nur für die kleine graue Maus«, sagte der kleine Drache. »Ob die wohl aus mal verreist?«

»Meinst du mit Rucksack, so wie wir?« Morris konnte sich das gut vorstellen.

Der kleine Drache auch. Er merkte plötzlich, wie müde er war. Er war an diesem Tag früh aufgestanden.

»Is slaf jetzt, bis wir am Meer sind. Niemand darf mis stören.«

Rauchen verboten

Ratata! Ratata! Ratata! Der kleine grüne Drache schlief. Als der Zug hielt, wachte er sofort auf.

»Jushu, jetzt sind wir am Meer!« Er sprang auf.

»Noch lange nicht«, sagte Großmutter. »Der Zug ist grade erst eine Stunde unterwegs. Wir sind am Bahnhof in der Stadt Göttingen.«

»Wieso mast denn der Zug hier eine Pause?«

»Weil die Leute aus- und einsteigen wollen«, erklärte Großmutter.

Morris und der kleine Drache schauten aus dem Fenster.

»Das sind aber sehr viele Mensen«, stellte der kleine Drache fest. »Guck mal, die Kinder haben aus alle Saufeln.«

»Wahrscheinlich wollen sie auch zum Meer«, sagte Großmutter.

»Ob die denn alle in den Zug passen?«, fragte Morris.

»Bei uns ist ja nos so viel Platz«, meinte der kleine Drache.

»Vielleist kommen Kinder zu uns. Dann können wir són zusammen spielen.«

Es kamen aber keine Kinder. Ein Mann in einem dunkelblauen Anzug öffnete die Tür zum Abteil.

»Guten Tag«, sagte er. Und schaute Großmutter, den kleinen Drachen und Morris an, als dürften sie gar nicht hier sein. »Sind das die Plätze 34 und 35?«, fragte er.

34 und 35? Morris schaute nach. Über seinem Sitz hing ein Schild mit der Nummer 35. Und beim kleinen Drachen eins mit der 34.

»Dann sind das meine beiden Plätze!« Der Mann stemmte seinen Koffer hoch.

»Ihre Plätze sind das? Haben Sie die denn gekauft?«, fragte der kleine Drache.

»Natürlich nicht«, sagte der Mann. »Aber ich hab die Plätze vorbestellt.«

Das stehe auch auf dem Schildchen draußen an der Tür. Ob Großmutter das denn nicht gelesen habe.

Großmutter entschuldigte sich.

Sie habe beim Einsteigen nicht darauf geachtet. Aber Morris und der kleine Drache könnten sich ja vorn an die Tür setzen.

»Das will is aber nist. Setzen Sie sis dos vorn an die Tür«, sagte der kleine Drache. »Wir haben hier grad so ein sönes Bett gebaut. Da können wir nist aufstehn.«

»Das müsst ihr wohl.« Der Mann bestand darauf.

Der kleine Drache und Morris gaben die Plätze frei. Morris musste sowieso mal zur Toilette. Großmutter solle mitgehen.

Großmutter verschwand mit Morris. Der kleine Drache solle sich bitte schon mal auf den Platz neben der Tür setzen.

Aber er dachte nicht daran. Stand da auf seinen breiten, grünen Hinterpfoten. Er verknotete die Arme vor seinem Bauch.

»Wieso brausen Sie eigentlis zwei Sitze? Wo Sie dos ganz allein sind?«

Das sollte der kleine Drache gleich sehen. Der Mann legte eine Tafel Schokolade und zwei Zeitungen auf den kleinen Ausziehtisch am Fenster, setzte sich auf den Platz von Morris und streckte seine Füße auf den Sitz gegenüber.

»Sie müssen aber Ihre Suhe ausziehn. Sie masen ja das goldene Polster smutzig.«

Der Mann schaute den Drachen an. Dann zog er seine Schuhe aus, lehnte seinen Kopf an das Rückenpolster und schloss die Augen.

»Wieso haben Sie denn so einen komisen Strick um den Hals?«, fragte der kleine Drache.

»Das ist kein Strick. Das ist eine Krawatte.«

Der Mann brach ein Stück Schokolade ab und steckte es in seinen Mund.

»Essen Sie gern Sokolade?«

»Ja!«

»Das ist aber gar nist gesund für große Mensen. Sokolade mast nämlis sehr dick.«

»Möchtest du auch ein Stück Schokolade?«

Der Mann hielt dem kleinen Drachen die Tafel hin.

Es war Milchschokolade. Die mochte der kleine Drache am allerliebsten. Aber nicht von dem Mann, der ihm seinen Platz weggenommen hatte.

»Haben Sie die beiden Plätze eigentlis son bezahlt?«, fragte der Drache.

Der Mann nickte. »Was denkst du denn?«

»Das kostet aber sehr viel Geld. Sie sind siser sehr reis.«

»Nicht reich genug!« Der Mann stöhnte.

»Mösten Sie nos reiser sein?«, fragte der
kleine Drache.

»Himmel noch mal. Ja, das möcht ich!«,
schrie der Mann. »Dann könnte ich alle Plätze
hier im Abteil bezahlen. Und ich bräuchte mir
nicht dein dummes Gequassele anzuhören.«

»So was Unversämtes! Und die anderen
Leute sollen wohl auf dem Flur stehen und sis
Hühneraugen holen. Nur weil Sie Ihre Ruhe
haben wollen.« Der kleine Drache regte sich

auf. Er ärgerte sich. Immer wenn er sich ärgerte, qualmte er dicke grüne Qualmwolken.

»Rauchen ist hier verboten!«, schrie der Mann. »Ich kann Rauch nicht ertragen.« Er riss das Fenster auf.

»Is rause gar nist. Is qualme nur ein bissen.«

»Hör sofort damit auf!«

»Das kann is nist, weil is mis so ärgern muss!« Der kleine Drache spuckte weiter Qualmwolken ins Abteil.

Da griff der Mann nach seinem Koffer und floh.

Sternmarmelade

Auf der Insel, im Dünenweg 7, stand ein großes, rotes Backsteinhaus. Dort wohnte die Familie Werder.

Hinten im Garten stand ein kleines, rotes Backsteinhaus.

Das war früher eine Waschküche gewesen. Im großen, runden Kessel hatte man die Wäsche gekocht. Weil es mittlerweile Waschmaschinen gab, war die Waschküche zu einem Ferienhaus umgebaut worden.

Hier wohnten Großmutter, Morris und der kleine grüne Drache drei Wochen lang.

»Es ist wirklich sehr klein«, sagte Großmutter am Abend zuvor. »Aber wir werden uns schon vertragen.«

»Natürlis«, sagte der kleine Drache. »Wir vertragen uns sogar sehr gut.«

Nur, er musste sich gleich mit Morris streiten.

Darüber, wer von den beiden oben im Doppelbett schlafen durfte.

Aber sie konnten sich einigen. Einmal sollte

Morris oben schlafen, einmal der kleine grüne Drache.

In der ersten Nacht durfte der kleine Drache nach oben klettern.

Das Fenster war weit offen.

Der kleine Drache konnte vom Bett aus die Sterne sehen und die Heckenrosen riechen. Denn das Backsteinhaus war wie eingepackt in Büschen von Heckenrosen.

»Hier ist es wie in einem Dornrössensloss«, sagte der kleine Drache. »Hoffentlis verslaf is jetzt nist hundert Jahre.«

»Ich küss dich morgen früh schon wach«, versprach Morris.

Aber er küsste den kleinen Drachen nicht.

Morris zwickte ihn in die Nase und rief: »Aufstehn! Brötchen holen!«

»Brötsen holen? Beim Bäcker Kalbmeier?« Das machte er gern.

»Nein, doch nicht beim Bäcker Kalbmeier. In der Inselbäckerei«, sagte Morris.

»Bringt auch Butter und Marmelade mit.« Großmutter deckte im Garten den Kaffeetisch.

Die Inselbäckerei war gegenüber der Kirche. Als sie um die Ecke bogen, blieb der kleine

Drache ganz erschrocken stehen. »Sau mal, da vor der Bäckerei, da ist ja eine ganz lange Slange.«

»Aber die ist nicht gefährlich«, sagte Morris. »Das ist eine Menschenschlange.«

»Wollen die Mensen in der Slange alle Brötsen holen?«

»Klar, und wir stellen uns jetzt am Schwanz an.«

»Aber is nist.« Der kleine Drache fürchtete sich. »Die Slange geht ja bis auf die Straße. Wenn ein Auto kommt, dann werd is überfahren.«

»Kleiner Drache«, sagte Morris. »Du weißt doch, dass hier auf der Insel keine Autos fahren. Wie oft soll ich dir das noch sagen.«

»Is weiß es«, sagte der kleine Drache und kratzte sich mit der Pfote am Kopf. »Nur, is kann es nist glauben.«

»Es stimmt aber. Auf der Insel hier darfst du nur mit dem Rad oder mit der Pferdekutsche fahren.«

»Ehrlis! Dann kann is mis ja einfas auf die Straße setzen.«

»Ja, versuch's doch mal.«

Der kleine Drache hockte sich mitten auf das Ziegelsteinpflaster. Er wollte mal fühlen, wie das war, wenn er gar keine Angst vor einem Auto haben musste.

»Du kannst sitzen bleiben«, sagte Morris. »Ich stell mich schon mal ans Ende der Schlange.«

»Is kann dis sehen. Und wenn ein Mens kommt und sis vordrängelt, dann komm is und qualme.«

Aber niemand drängelte sich vor. Die Menschen standen da, redeten, lachten, baumelten mit ihren Taschen. Schauten in den Himmel und warteten.

Der kleine grüne Drache legte sich auf den Bauch. Er wippte mit den Hinterpfoten und stützte seinen Kopf auf die Vorderpfoten.

»Komis«, überlegte er. »Sehr komis. Wieso haben die Mensen auf der Insel so viel Zeit? Wieso hab is gar keine Angst vor einem Auto? Wieso kann is gar keine Fabriksornsteine sehen?«

Ob die Insel vielleicht ein anderer Stern war?

Vielleicht war der kleine Drache gar nicht mehr auf der Erde.

Vielleicht war das Schiff, mit dem sie auf die Insel gefahren waren, ein Raumschiff.

Und sie hatten es nicht gemerkt.

Ob es auf dem anderen Stern wohl auch Spatzen gab?

Der kleine Drache sah, wie eine Spatzenmutter mit ihren Kindern auf der Straße frühstückte.

Die Kleinen wedelten mit den Flügeln.

Sie rissen ihre Schnäbel auf, wollten Brotkrümel.

»Die haben aus keine Angst vor einem Auto!«

Das musste er Morris zeigen.

Morris stand ganz vorn im Bäckerladen an der Theke.

»Is stell mis weiter an«, sagte der kleine grüne Drache. »Dann kannst du draußen auf der Straße nach den Spatzen saun.«

»Aber vergiss nicht, Butter und Marmelade mitzubringen.«

Der kleine Drache vergaß es nicht.

»Is möste gern sieben Brötsen, ein halbes Pfund Butter und Sternmarmelade«, sagte er zu der Verkäuferin hinter der Theke.

»Sternmarmelade?«, fragte die Verkäuferin.
»Die gibt es bei uns nicht.«

»Dos«, sagte der kleine Drache. »Da steht sie
im Regal. Wo die gelben Beeren drauf sind.«

»Das sind Sanddornbeeren, die wachsen bei
uns auf der Insel. Darum heißt die Marmelade
auch Inselmarmelade.«

»Aber für mis ist das trotzdem Sternmarmelade.«

Das verstand die Verkäuferin nicht.

»Das mast nists«, sagte der kleine grüne
Drache.

Der kleine Drache sieht das Meer

Im Himmelsblau flogen die Möwen. Sie begleiteten den kleinen Drachen, Morris und Großmutter an den Strand.

»Is hör die Lasmöwen lasen«, sagte der kleine Drache. »Aber angucken kann is sie nist.«

Er hatte nämlich seine Augen fest zugemacht. Er wollte sie erst wieder öffnen, wenn das Meer zu sehen war.

Morris hielt den kleinen Drachen an der Hand.

Der Weg führte durch die Dünen. Das waren Berge von Sand. Die Dünen schützten die Insel vor dem Wasser.

»Was riest denn hier so gut?« Der kleine Drache schnupperte.

»Das ist das Meer«, sagte Großmutter. »Die Luft riecht nach Salz.«

»Und was kitzelt an meinen Beinen?«, fragte der kleine Drache.

»Der Strandhafer.« Großmutter erklärte, wie wichtig der Strandhafer war. Weil seine Wurzeln den Sand festhielten.

»Will der Sand denn weglaufen?«, fragte
der kleine Drache.

»Das will er wahrscheinlich nicht. Aber der
Wind nimmt ihn einfach mit.«

»Mis aus.« Der kleine Drache lachte. »Der
bläst mis ristis weiter.«

»Oben, gleich wenn wir oben auf der Düne
sind, bläst er noch mehr«, sagte Morris.

»Wann sind wir denn endlis oben? Wann
kann is endlis das Meer sehen?«

»Jetzt!«, schrie Morris. »Jetzt!«

Der kleine Drache öffnete seine Augen. Und
sah das Meer. Riesengroß und weit. Es endete
erst da, wo der Himmel anfing.

Wasser, Wasser, rundherum Wasser.

Der kleine Drache setzte sich auf die Düne.
Er ließ den feinen, weißen Sand durch die

Pfoten rieseln und wunderte sich über das große, große Meer.

Auch über die lustigen bunten Häuschen. Die standen überall am Strand herum. »Wohnen denn da die Mensen drin?«

»Das sind Strandkörbe«, sagte Großmutter. »Wir mieten uns auch einen.«

Sie würde sich darum kümmern. Wenn Morris wolle, könne er mit dem kleinen Drachen schon mal zum Wasser laufen.

Aber ganz vorn bleiben.

»Tschüs!«, rief Morris und rannte los.

»Tsüs!« Der kleine Drache schaufelte sich mit seinen breiten grünen Pfoten durch den Sand und spritzte dabei.

Unten am Wasser war der Strandboden hart. Da rollten die Wellen auf das Land.

Morris bekam nasse Füße. Der kleine Drache nasse Pfoten.

Manchmal spritzten die Wellen ganz hoch, dem Drachen bis ans Maul. Da merkte der kleine Drache, wie salzig das Meer schmeckte.

»Sau mal, da swimmt ja rosa Götterspeise im Wasser. Die hat bestimmt Himbeergesmack. Ob es dazu wohl Vanillesoße gibt?«

Der kleine Drache versuchte, die Götterspeise aus dem Meer zu fischen.

»Du verbrennst dir die Pfoten!«, schrie Morris. »Das ist keine Götterspeise. Das sind Feuerquallen. Die können dir wehtun.«

»Wieso, spucken die Quallen denn Feuer aus?«

»Nein, aber sie sind wie Brennnesseln. Pass nur auf«, sagte Morris.

»Ja, is pass son auf!« Der kleine Drache bückte sich und fand am Strand eine Muschel. »Die sieht aus wie eine Herzmusel.«

Morris entdeckte ein Schneckenhaus. So eins hatte er noch nie gesehen. Ein weißer, kleiner, runder Tempel mit einem spitzen Turm.

»Da hat bestimmt mal ein König drin ge-wohnt. Ein Sneckenkönig.« Das Schneckenhaus gefiel dem kleinen Drachen sehr.

Auch die kleine rosa Muschel mit den beiden Flügeln.

»Ob das wohl eine Smetterlingsmusel ist?«

Ob die fliegen konnte? Wie die Wolken und die Möwen?

»Und wie der Drachen da oben«, sagte Morris.

»Ein Drase? Wo ist ein Drase?«

»Da oben der rote. Jetzt ist er unter der Wolke. Sieh doch, das Mädchen mit dem gestreiften Badeanzug hält ihn am Band fest.«

»Das soll ein Drase sein«, staunte der kleine Drache. »Der sieht aber ganz anders aus als is.«

»Ist ja auch kein echter«, sagte Morris. »Der ist aus Papier. Aber er kann fliegen.«

»Und is bin est und kann nist fliegen.«

»Woher weißt du eigentlich, dass du nicht fliegen kannst?«, fragte Morris. »Du hast doch Flügel.«

»Aber sehr kleine.« Der Drache wedelte mit seinen Flügeln. Wie die Spatzenkinder am Morgen auf der Straße.

»Wer Flügel hat, kann doch eigentlich fliegen«, sagte Morris.

»Meinst du das ehrlis?«

»Ganz ehrlich, kleiner Drache. Du kannst es doch mal ausprobieren.«

Der kleine Drache probiert das Fliegen

Der kleine Drache mochte den Wind. Der blies und pfiff und ließ seine Ohren wie Fähnchen um den Kopf flattern.

Aber an diesem Tag war der Wind so stark, dass er dem kleinen Drachen Angst machte.

»Morris«, schrie er. »Morris, guck dos mal. Der ganze Strand läuft weg und der Himmel aus.«

»Das sind die Wolken am Himmel, die weg-laufen. Und der Sand, den der Wind über den Strand fegt«, rief Morris.

»Aber die Sandkörner fliegen aus in meine Augen. Das tut weh.«

»Dreh dich um, dann hast du den Wind im Rücken.«

Der kleine Drache drehte sich um und wurde fast weggeblasen.

»Heute ist ein richtiger Drachentag«, sagte Morris. »Los, kleiner Drache, probier mal das Fliegen.«

Da machte der kleine Drache seine Flügel

breit. Sprang hoch wie ein Ziegenbock, einmal, zweimal, dreimal. Und fiel auf seinen Po.

»Siehst du, is kann nist fliegen.«

»Du gibst aber schnell auf«, sagte Morris. »Du hast ja nicht mal Anlauf genommen. Am Strand kannst du weit laufen.«

Der kleine Drache rannte über den festen, harten Boden. So weit, bis ihm die Pfoten weh-taten.

Aber er flog trotzdem nicht weg.

»Is braus so eine Snur, wie der rote Drase da oben hat«, sagte der kleine Drache. »Vielleist kann is dann fliegen.«

»Die Schnur ist doch nur zum Festhalten«, sagte Morris. »Außerdem hab ich auch gar keine.«

»Aber das Mädsen von dem Drasen hat ein Knäuel in der Hand. Das ist mästig dick. Davon kann sie mir dos was abgeben.«

Der kleine Drache lief zu dem Mädchen. Aber er traute sich nicht, sie zu fragen.

Er stand da, schaute in den Himmel und seufzte.

Er wollte auch fliegen wie der Papierdrachen da oben.

»Ist mein Drachen nicht toll?«, fragte das
Mädchen.

»Supertoll!«, sagte der kleine Drache.

»Er kann sogar Salto schlagen. Soll ich es dir
zeigen?«

»Ja«, sagte der kleine Drache.

»Es ist ganz einfach«, erklärte das Mädchen.
»Ich brauch nur an der Schnur ziehen. Dann
weiß mein Drachen, was er machen soll.«

Das Mädchen zog und zurrte an dem Band.
Der rote Drachen wollte offensichtlich seinen
Salto zeigen. Er drehte sich, schaukelte,
taumelte, sackte ein Stück ab, fing sich wieder.
Plötzlich fiel er und stürzte ins Meer.

»O Sreck!«, schrie der kleine Drache. »Kann
er denn swimmen?«

»Nein, das kann er nicht!«, schrie das Mädchen.

»Dann müssen wir der Rettungsmannsaft Beseid sagen!«

Aber obwohl das Mädchen weinte und der kleine Drache bat und bettelte, waren die Männer aus dem Rettungsboot nicht dazu bereit. Sie hatten weiß Gott Wichtigeres zu tun, als einen Drachen zu retten.

»Sind Drasen vielleist nist wistig?« Aus den Nasenlöchern des kleinen Drachen stiegen kleine grüne Qualmwolken.

»Was machst du denn da?« Das kleine Mädchen schluchzte.

»Is ärger mis!« Der kleine Drache stürzte sich ins Meer.

»Kleiner Drache!«, rief Morris. »Komm sofort zurück. Bei dem Sturm darfst du nicht baden.«

»Is will aus nist baden. Is will den Drasen retten!«

»Zurückkommen! Zurückkommen!«, brüllte der Bademeister durch den Lautsprecher.

Der kleine Drache schwamm wie ein Ball auf dem Wasser.

Und weil er nicht zurückkam, forderte der Bademeister die Männer aus dem Rettungsboot auf, ihn sofort zu holen.

Als der kleine Drache merkte, dass er verfolgt wurde, tauchte er unter.

»Jetzt bin is ein Fis und swimme einfas unter Wasser.«

Aber er war sehr froh, dass er in Wirklichkeit kein Fisch war. Denn das Wasser war dreckig und ölig.

»So eine Sweinerei!«, schimpfte der kleine Drache.

Und schluckte dabei eine ganze Menge Wasser.

Darüber ärgerte er sich so, dass dicke, grüne Qualmwolken aus dem Meer stiegen.

»Um Himmels willen, da scheint ein Vulkan auszubrechen!« Die Männer wagten nicht mehr weiterzufahren.

Sie hielten ihr Boot an.

Der kleine Drache hörte erst mit dem Qualmen auf, als er den roten Papierdrachen in den Pfoten hielt.

»Jushu, hier bin is!«, schrie er. »Jetzt könnt ihr uns mitnehmen.«

Die Männer waren wütend auf den kleinen
Drachen. Denn er hatte sie an der Nase herum-
geführt.

Der kleine Drache lachte.

Das Mädchen lachte auch und gab dem
kleinen Drachen einen Kuss auf die linke
Backe.

Der kleine Drache mag nicht in Watte wandern

Klack, klack, klack! Zwei Pferde zogen den Kutschwagen über den roten Ziegelsteinweg zum Hafen.

Klack, klack, klack! Der kleine Drache schlug mit seiner Pfote den Takt dazu.

Ihm gefiel es, mit Morris und Großmutter durchs Heckenrosental und die Wiesen zu fahren.

»Kannst du nist mal anhalten?«, fragte er den Kutscher Hermann. »Is möste so gern mal die Säfsen streiseln.«

Der Kutscher Hermann hatte es aber eilig. Um zehn Uhr sollten sie am Hafen sein.

Da wartete Onkel Willi, der Wattführer, zusammen mit vielen anderen Menschen. Sie wollten alle eine Wattwanderung machen.

»Hoffentlis kommen wir nist pünktlis an«, flüsterte der kleine Drache Morris ins Ohr. »Weil is nämlis überhaupt nist gern in Watte wandere.«

»Kleiner Drache«, sagte Morris. »Wir

wandern nicht in Watte, sondern im Watt. Großmutter hat uns doch erklärt, was das Watt ist.«

Onkel Willi erklärte es noch einmal. Und der kleine Drache hörte gut zu.

Auf der Insel gab es Ebbe und Flut. Zweimal am Tag, bei Flut, stieg das Wasser an der Küste.

Dabei überschwemmte es einen Teil vom Strand.

Zweimal am Tag, bei Ebbe, zog sich das Meer wieder zurück.

»Dann släft das Meer!«, schrie der kleine Drache. »Und das find is gar nist sön. Weil is dann nämlis nist baden darf.«

»Ja, aber wenn das Meer nicht schlafen würde, könnten wir heut keine Wattwanderung machen«, sagte Onkel Willi. »Das Land, das bei Ebbe ohne Wasser ist, heißt nämlich Watt.«

Onkel Willi bat, dass alle ihre Strümpfe und Schuhe auszogen.

»Du, Onkel Willi!« Der kleine Drache zupfte an seinem gelben Anorak. »Einmal, da sind Großmutter, Morris und is son mal in einem Sloss gewesen. Da mussten wir aus die Suhe

ausziehn. Weil wir nist den sönen Boden zer-
kratzen durften. Aber wir haben Pantoffeln
bekommen. Gibt es die aus für das Watt?«

»Ne, men Jung«, sagte Onkel Willi. »Mit
Pantoffeln kannst du nicht ins Watt.«

»Warum denn nist?«

»Lauf mal los. Dann wirst du es schon
merken.«

Als der kleine Drache seine Pfoten auf den
dunklen, nassen Boden setzte, merkte er es
sofort.

»Das ist ja Mats hier. So viel Mats hab is ja
nos nie gesehn.«

Der kleine Drache sank bis zum Knöchel ein.
»Sau mal, jetzt hab is ganz braune Pfoten.«

»Einen braunen Schwanz hast du auch«,
stellte Morris fest.

Dem kleinen Drachen gefiel das sehr. Er
patschte hinter Onkel Willi her.

»Was sind denn das eigentlis für komise,
braune Würmer hier!« Er zeigte auf die kleinen
Sandwürste im welligen Boden.

»Dat sind man nur die Kothäufchen von dem
Pierwurm. Der wohnt hier im Watt«, sagte
Onkel Willi.

»Wohnen denn hier sonst noch Tiere?«, fragte Morris.

Ja, wenn die Menschen in den Boden gucken könnten. Da lebten Millionen von Muscheln, Würmern und anderen, wichtigen Tieren.

»As, dann haben die sis wohl versteckt?«, fragte der Drache.

»Genau«, sagte Onkel Willi. »Du kannst dich hier nicht verstecken.« Denn im Watt wuchsen keine Bäume und keine Sträucher.

»Wasserlöcher gibt's hier!« Onkel Willi zeigte auf ein breites, braunes Loch. Mit seiner Stockspitze rührte er in der dunklen Brühe herum. »Wer da reinfällt, braucht sich nicht mehr in die Sonne zu legen. Der ist braun.«

»Braun. Ristis braun!« Das wollte der kleine Drache schon lange werden. Aber obwohl er sich immer wieder in die Sonne legte, blieb er grün.

Der kleine Drache schaute hinter Onkel Willi her. Er ging mit Morris, Großmutter und den anderen weiter.

Dann schaute er ins Loch. Ob das wohl tief war? »Es sieht ja unheimlis und swarz aus.

Aber wenn is braun werden möste, dann muss
is da reinspringen.«

Der kleine Drache holte tief Luft, machte die
Augen zu – und sprang. Das Wasser schlug
über ihm zusammen. Aber er fühlte den Boden
unter seinen Füßen.

»Hier ist es so warm wie in der Badewanne.
Is bleib so lange, wie is die Luft anhalten
kann.«

Der kleine Drache konnte sehr lange die Luft
anhalten.

Morris merkte als Erster, dass er verschwunden war.

»Wo bist du?«, rief er.

Der kleine Drache hörte ihn in dem Loch. Aber er antwortete nicht. Auch nicht, als Onkel Willi rief.

»Der Onkel Willi hat gesagt, is kann mis nist im Watt verstecken. Nun kann is das dos. Dann kann er mis ja mal susen.«

Alle suchten den kleinen Drachen.

Großmutter fand ihn. Sie entdeckte im Boden vor dem Loch die Pfotenabdrücke des kleinen Drachen.

»Kleiner Drache!«, schrie sie. »Kleiner Drache, bist du ertrunken?«

»Quats! Hier bin is dos!« Der kleine Drache kletterte aus dem Wasserloch. Braun ist er geworden, ganz braun.

»Um Himmels willen«, rief Großmutter. »Da muss ich dich ja stundenlang zu Hause mit Seife grün schrubben.«

»Das braust du nist«, sagte der kleine Drache. »Weil is immer braun bleiben möste.«

Der kleine Drache in der Burg

Die Sonne schien. Die Wellen rollten an den Strand. Morris hatte Torfstücke, Holz und Kork gesammelt. Nun buddelte er mit seiner Schüppe in dem feuchten Sandboden.

»Was machst du denn da?« Das Mädchen mit dem Papierdrachen war plötzlich da.

»Siehst du doch, ich baue eine Kläranlage«, sagte Morris.

»Die ist für das Meer!«, rief der kleine Drache. »Damit es nist mehr so smutzig ist.«

»Mein Papa sagt, dass das Meer nie mehr sauber wird«, sagte das Mädchen.

»Wenn die Siffe und die Fabriken nist mehr ihr Öl und ihren Dreck ins Meer sütten, dann kann es son wieder sauber werden.« Der kleine Drache saß halb im Wasser und strich mit seinen Pfoten leise über die Wellen.

»Warum hilfst du nicht mit bei der Klär-anlage?«, fragte das Mädchen.

»Weil is das arme Meer streiseln muss. Das ist bestimmt ganz traurig, weil die Mensen so gemein und unversämt zu ihm sind.«

Das Mädchen setzte sich zu dem kleinen Drachen. Und half ihm beim Streicheln. Dann fragte es den kleinen Drachen, warum er so komisch sprach.

»Is sprese überhaupt nist komis.« Der Drache merkte, wie die letzte Zacke von seinem Schwanz heiß und rot wurde.

»Es gefällt mir, wie du sprichst«, sagte das Mädchen.

»Ehrlis?«

Die vorletzte Schwanzzacke war jetzt auch heiß und rot.

»Wie heißt du eigentlis?«, fragte der kleine Drache.

Das Mädchen schrieb mit dem Zeigefinger seinen Namen auf den festen Sandboden. Daneben malt es eine 7.

»Imke«, las der kleine Drache. »Heißt du sieben Mal Imke?«

»Ne, das ist nur die Nummer von unserem Strandkorb. Wenn du willst, kannst du mich ja mal besuchen«, sagte Imke.

»Is besus dis mal«, sagte der kleine Drache. »Aber erst, wenn is das Meer genug gestreiselt habe.«

Imke lachte. Rief tschüs und ließ die beiden allein.

»Tsüs!« Der kleine Drache winkte. Er mochte den gestreiften Badeanzug von Imke. Und ihre Locken. Weil die sich nämlich so kringelten.

Später suchte der kleine Drache den Strandkorb Nummer 7.

Er suchte sehr lange. Denn es gab viele, viele Strandkörbe. Alle hatten rundherum hohe Sandmauern.

»Wieso haben die Mensen eigentlis so hohe Mauern um ihre Körbe gemast? Als wenn sie sis verstecken wollten.«

Der kleine grüne Drache fand den Strandkorb Nummer 7 hinter einer besonders hohen Sandmauer. Und weil er nicht noch den Eingang suchen wollte, krabbelte er einfach auf allen vieren hoch, setzte sich auf seinen Schwanz und rutschte auf der anderen Seite herunter.

Imkes Papa lag in der Kuhle. Er ließ sich von der Sonne bescheinen.

»Was bist du denn für ein Heuschreck!«, rief er.

»Is bin kein Heusreck. Is bin ein kleiner Drase und is will Ihre Toster besusen.«

»Ich warte schon auf dich!« Imke freute sich, dass der kleine Drache endlich gekommen war.

»Musst du dabei unbedingt meine Burg kaputtmachen?«, fragte Imkes Vater.

»Entsuldigen Sie. Is wusste nist, dass das eine Burg ist. So eine hab is nos nie gesehn.«

»Es ist aber trotzdem eine Burg.« Der Papa von Imke klopfte den Sand fest. An der Stelle, wo der Drache gerutscht war. »Drei Tage hab ich daran gearbeitet.«

»So lange? Wozu brausen Sie denn eine Burg? Sind Sie vielleist ein Ritter?«

»Mein Papa ein Ritter!« Imke hüpfte vor Lachen.

»Haben Sie vielleist aus eine Ritterrüstung?«, fragte der kleine Drache.

»Nein, die hab ich zufällig nicht«, sagte der Vater. »Aber wenn ich ein Ritter bin, dann ist meine Tochter wohl ein Burgfräulein.«

»Oh«, sagte der kleine Drache und verbeugte sich. »Das wusste is aus nist.«

»Kleiner Drache«, sagte Imke. »Du musst jetzt mit meinem Papa kämpfen.«

»Kämpfen? Um wen soll is denn kämpfen?«, fragte der kleine Drache.

»Um mich«, sagte Imke. »Weil du mich von dem Ritter befreien musst. Der hält mich nämlich gefangen in der Burg.«

Jetzt lachte Imkes Papa. »Du Imke, früher haben immer die Ritter den Drachen bekämpft.«

»Ja, aber heute ist es umgekehrt«, sagte Imke. »Los, kleiner Drache, fang an.«

»Is hab aber gar keine Lust zum Kämpfen.«

Der kleine Drache malte mit seinem Pfotennagel ein großes Herz in den Sand.

Imkes Papa legte sich wieder auf sein Badetuch. »Wenn du willst, kleiner Drache, kannst du das Burgfräulein ein bisschen mitnehmen.«

»Das will is sehr gern«, sagte der kleine grüne Drache.

Der kleine Drache hört die Dünen singen

»Willst du mal was ganz Söhnes hören?«, fragte der kleine Drache.

»Was denn?«, fragte Imke.

»Du sollst hören, wie die Dünen singen«, sagte der kleine Drache.

Imke wusste gar nicht, dass die Dünen singen konnten.

Der kleine Drache wusste das auch nicht. Aber dann hatte er es gelesen. Da, wo die großen Graudünen waren, stand ein Schild. Dünensingen, jeden Dienstag und Donnerstag. Sie brauchten nur am Leuchtturm vorbeizulaufen. Da konnten sie das Schild sehen.

»Ich war am letzten Donnerstag mit meinem Papa hier«, erzählte Imke. »Der Ole Fedder hat auf seiner Mundharmonika gespielt. Und es waren noch ganz viele Menschen da. Die haben alle gesungen.«

»As so!«, wunderte sich der kleine Drache. »Die Mensen singen hier aus. Mit den Dünen zusammmen?«

»Nur die Menschen«, sagte Imke. »Dünen können doch gar nicht singen.«

»Dos«, sagte der kleine Drache. »Das können sie.«

Imke glaubte das aber nicht. Brauchte sie auch nicht. Imke konnte es ja hören. Wenn sie sich zu dem kleinen Drachen ins Gras setzte. Und wenn sie ganz still war.

Imke rutschte zu ihm.

»Hörst du es?«, flüsterte der kleine Drache.

»Nein«, flüsterte Imke. »Ich hör nur die Möwen schrein.«

»Du musst näher kommen«, sagte der kleine Drache. »Hier bei mir ist es ganz deutlich.«

Imke mochte aber nicht.

Der kleine Drache schnupperte an den Blüten der Strandnelken.

»Gestern hab is an der gleisen Stelle wie heut gesessen. Da hab is aus der wunderbaren Musik gelaust.«

»Wenn du so viel redest, kann ich überhaupt nichts hören. Sei doch mal still.«

Der kleine Drache drückte sich mit seiner Pfote das Maul zu und war still.

Imke hörte, wie die Dünen sangen.

»Das ist ja richtige Inselmusik«, flüsterte Imke.

»Paradiesmusik«, flüsterte der kleine Drache in Imkes Ohr. Und dann nieste er, weil die Locken von Imke seine Nase kitzelten.

»Jetzt hast du die Musik weggejagt!«, rief Imke. »Du bist gemein.«

»Entsuldige bitte«, sagte der kleine Drache. »Die kommt son wieder. Wir brausen bestimmt nist lange warten.«

Imke machte es sich im Dünengras gemütlich. Sie legt sich lang, baumelte mit den nackten Beinen.

Der kleine Drache legte sich auch hin. Baumelte mit seinen Pfoten.

»Was du für söne braune Beine hast«, sagte der kleine Drache. »So braun möst is aus mal sein.«

»Das wirst du noch«, sagte Imke. »Ich bin ja auch schon zwei Wochen hier.«

Der kleine Drache seufzte. Er wurde nie braun. Er blieb immer grün.

»Grün ist meine Lieblingsfarbe. Zu Hause, da hab ich ein Zimmer, das ist ganz grün. So grün wie dein Bauch.«

»Ehrlis? Wo wohnst du eigentlis?«

»Das musst du raten. Ich mal jetzt auf deinen Bauch, wo ich wohne. Aber du musst dabei die Augen zumachen.«

Der kleine Drache verknotete die Pfoten hinter seinem Kopf, machte die Augen zu und fühlte den weichen Halm, mit dem Imke malte.

»Auf deinem Bauch macht mir das Malen richtig Spaß«, sagte Imke.

»Mir aus«, sagte der kleine grüne Drache. Was malte Imke denn?

Auf jeden Fall ein Tier. – Ein Pferd? Eine Giraffe?

Als Imke leise »Ia, Ia« rief, wusste es der kleine Drache. Imke hatte einen Esel gemalt.

»Wohnst du vielleist in Eselstadt?«

Nein! Außerdem war Imke noch nicht fertig. Es waren noch drei Tiere zu malen. Hoffentlich passten die alle auf den Bauch.

»Is kann ja mal ein bissen Luft reinblasen. Dann wird mein Baus dicker.«

Auf dem Esel stand ein Hund. Den erriet der kleine Drache. Auch die Katze mit den spitzen Ohren.

An der Stelle, wo Imke den Hahn malen
wollte, war der kleine Drache sehr kitzelig.

»Das kann is nist haben.« Er lachte und
strampelte mit den Pfoten.

»Kleiner Drache«, sagte Imke. »Wenn du
nicht liegen bleibst, kann ich nicht malen. Und
dann weißt du nicht, wo ich wohne.«

»Das mast nists«, sagte der kleine Drache.
»Is denk mir einfas, du wohnst für immer auf
der Insel. Und is aus.«

Terence Blacker
Zauberhafte Miss Wiss
Aus dem Englischen von Anu Stohner
Mit Bildern von Tony Ross
Beltz & Gelberg Taschenbuch (78405), 80 Seiten   *ab 8*

Natürlich ist eine hexende Lehrerin erst ein bisschen unheimlich.
Aber bald merkt die dritte Klasse, wofür Miss Wiss alles gut ist.
Sie hilft zum Beispiel gegen garstige Schulräte. Oder gegen
schrecklich strenge Eltern. Dass es ein paar eifersüchtige
Lehrerkollegen gibt, die Miss Wiss wieder loswerden möchten,
ist schlimm. Aber vielleicht weiß sie ja auch dagegen ein Mittel.
»Zauberhafte Miss Wiss« ist das erste Buch der komischen
Miss Wiss-Abenteuer.

www.beltz.de
Beltz & Gelberg, Postfach 10 01 54, 69441 Weinheim

Terence Blacker
Zu Hilfe, Miss Wiss!
Aus dem Englischen von Anu Stohner
Mit Bildern von Tony Ross
Beltz & Gelberg Taschenbuch (78406), 80 Seiten *ab 8*

Miss Wiss als Ärztin im Krankenhaus? Erst traut Jack seinen
Augen nicht. Doch spätestens als der Oberarzt von einem wild
gewordenen Besen verfolgt wird, ist kein Zweifel mehr möglich:
Miss Wiss hat ihr Versprechen gehalten und ist dort aufgetaucht,
wo ein bisschen Zauberei vonnöten war.
»Zu Hilfe, Miss Wiss!« ist das zweite Buch der komischen
Miss Wiss-Abenteuer.

www.beltz.de
Beltz & Gelberg, Postfach 10 01 54, 69441 Weinheim

Terence Blacker
Gefangen, Miss Wiss!
Aus dem Englischen von Anu Stohner
Mit Bildern von Tony Ross
Beltz & Gelberg Taschenbuch (78407), 80 Seiten *ab 8*

Rocky, Lizzies wunderschöner weißer Kater mit rötlichen Pfoten,
ist verschwunden. Lizzie würde alles tun, um ihn
wiederzubekommen. Aber soll sie sich dafür wirklich in eine
Katze verwandeln lassen? Miss Wiss verspricht, dass dabei nichts
schief gehen kann. – Und wenn doch? Schon einmal hat sie
zwei Lehrerinnen in Gänse verwandelt und beinahe vergessen,
sie zurückzuverwandeln.
»Gefangen, Miss Wiss« ist das dritte Buch der komischen
Miss-Wiss-Abenteur.

www.beltz.de
Beltz & Gelberg, Postfach 10 01 54, 69441 Weinheim

Terence Blacker
Miss Wiss liebt Dracula
Aus dem Englischen von Anu Stohner
Mit Bildern von Tony Ross
Beltz & Gelberg Taschenbuch (78408), 80 Seiten   *ab 8*

Dass Miss Wiss vor lauter Verliebtheit schaurig schlechte Verse
macht, wäre schon schlimm genug. Aber dass es ausgerechnet
Graf Dracula ist, in den sie sich verknallt hat, macht ihren
Freunden aus der vierten Klasse echte Sorgen. Was, wenn der
finstere Graf sie mit nach Transsylvanien nehmen will? –
Es sieht ganz so aus, als wäre es ausnahmsweise Miss Wiss,
die Hilfe braucht.
»Miss Wiss liebt Dracula« ist das vierte Buch der komischen
Miss-Wiss-Abenteuer.

www.beltz.de
Beltz & Gelberg, Postfach 10 01 54, 69441 Weinheim